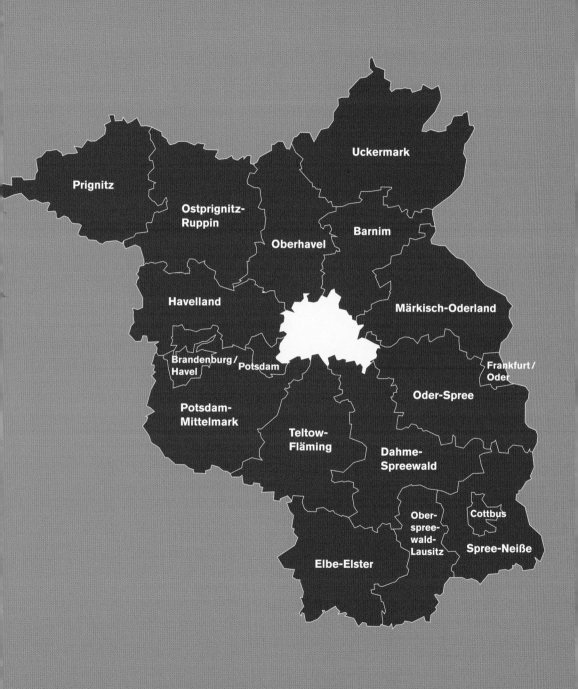

INHALT

8
Vorwort
Prof. Dr. Detlef Karg

10
Willkommen und Abschied
Matthias Baxmann

20
Zur Auswahl der Objekte

22
**URSPRÜNGE DER PREUSSISCHEN INDUSTRIE
IN DER MARK
BARNIM UND UCKERMARK**

24 | Der Finowkanal

26 | Das Schiffshebewerk und die Schleusentreppe in Niederfinow

30 | Das Dieselkraftwerk in Niederfinow*

32 | Die Denkmale der Metallverarbeitung in Eberswalde –
Das Kupferwalzwerk

34 | Die Eisenspalterei in Eberswalde

36 | Die Werkssiedlung und der Wasserturm des Messingwerks
in Eberswalde

38 | Die Hufnagelfabrik in Eberswalde

39 | Die Rohrleitungsfabrik in Eberswalde

40 | Die Papierfabrik Wolfswinkel in Eberswalde

41 | Das Kraftwerk Heegermühle in Eberswalde

42 | Die Baudenkmale der Stadtversorgung und Tabakverarbeitung
in Schwedt/Oder

45 | Die Alte Mälzerei in Angermünde

46 | Der Getreidespeicher und das Eisenbahnmuseum in Gramzow

INHALT | 5

48
**INDUSTRIEKULTUR IM LAND ZWISCHEN
ODER, DAHME UND SPREE**

50 | Die Baudenkmale der Kalksteinverarbeitung in Rüdersdorf

54 | Die Bakelite-Fabrik in Erkner

56 | Die Lokomotivfabrik Schwartzkopff in Wildau

58 | Das Sender- und Funktechnikmuseum in Königs Wusterhausen

60 | Der Wasserturm in Niederlehme

61 | Die Industrietraditionen in Fürstenwalde

63 | Die Denkmale der Stadtversorgung in Frankfurt/Oder

64 | Der Hafenkran und Güterbahnhofskräne in Frankfurt/Oder*

66 | Das Pumpwerk in Frankfurt/Oder

67 | Das Gaswerk in Frankfurt/Oder

68 | Das Wasserwerk in Frankfurt/Oder

69 | Der Schlachthof in Frankfurt/Oder

70 | Die Stärke-Zucker-Fabrik in Frankfurt/Oder

72 | Die Kalkbrennerei in Wriezen

73 | Die Sprit- und Essigfabrik in Wriezen

74 | Die Malzfabrik in Wriezen

75 | Die Schöpfwerke an der Alten Oder – Das Schöpfwerk in Alttornow

76 | Das Schöpfwerk in Neutornow*

77 | Der Ziegelbrennofen in Altgaul*

78 | Die Hafenanlagen in Groß Neuendorf

80 | Die Denkmale des Eisenhüttenkombinats Ost (EKO) in Eisenhüttenstadt

82 | Die Ruine des Kraftwerks Vogelsang in Eisenhüttenstadt*

84 | Der Friedrich-Wilhelms-Kanal

86
**KOHLE, STROM, EISEN UND TEXTILIEN
LAUSITZER INDUSTRIEBEZIRK**

88 | Die Textilfabriken und das Dieselkraftwerk in Cottbus

90 | Die „Straße der Textilfabriken" in Cottbus

92 | Das Dieselkraftwerk in Cottbus

96 | Die Textilfabriken und das Heizwerk in Forst

98 | Die Hutfabrik Carl Gottlob Wilke in Guben

100 | Der Hammergraben und das Hüttenwerk in Peitz

102 | Das IBA-Auftaktgebiet und die Bauten der Ilse Bergbau AG in Großräschen

103 | Die IBA-Terrassen in Großräschen

104 | Das ehemalige Ledigenwohnheim der Ilse Bergbau AG in Großräschen

106 | Das Stollenmundloch Meurostolln bei Hörlitz

107 | Die Werkssiedlung „Gartenstadt Marga" in Senftenberg

109 | Das Besucherbergwerk F60 in Lichterfeld

111 | Das Erlebniskraftwerk in Plessa

112 | Das technische Denkmal Brikettfabrik LOUISE in Domsdorf

114 | Die Biotürme in Lauchhammer

115 | Die Eisen- und Kunstgießerei in Lauchhammer

117 | Die Grundhofsiedlung in Lauchhammer

118 | Die Betonbogenbrücke bei Neudeck*

* Autor: Matthias Baxmann

120
INDUSTRIETRADITIONEN UND WASSERSTRASSEN
TELTOW UND FLÄMING

122 | Der Teltowkanal

124 | Die Bücker-Werke und der Flugplatz in Rangsdorf

126 | Die Kalkschachtöfen in Zossen

127 | Der Nottekanal

128 | Die Königlich Preußische Militäreisenbahn Berlin-Zossen-Jüterbog

130 | Die ehemalige Heeresversuchsanstalt in Kummersdorf-Gut

132 | Die Glashütte in Baruth/Mark

134 | Der Vierseithof in Luckenwalde

136 | Die Hutfabrik Herrmann, Steinberg & Co. in Luckenwalde

138
MANNIGFALTIGE INDUSTRIEKULTUR
IN DER UNMITTELBAREN UMGEBUNG BERLINS
POTSDAM UND HAVELLAND

140 | Das Pumpenhaus für Sanssouci (Moschee) in Potsdam

142 | Die Persius-Dampfmühle in Potsdam

143 | Die Lokomotivfabrik Orenstein & Koppel in Potsdam

144 | Das KulturGewerbeQuartier Schiffbauergasse in Potsdam

148 | Die Vulkanfiber-Fabrik in Werder/Havel

149 | Die Ziegelei in Glindow

150 | Die Großfunkstation in Nauen

152 | Das Landgut Borsig in Groß Behnitz

154 | Der Verschiebebahnhof in Elstal

156 | Die Industriedenkmale in Brandenburg/Havel

158 | Das Industriemuseum in Brandenburg/Havel

160 | Die Pulverfabrik und Eisenbahnwerkstätten in Kirchmöser

162 | Die Zeugnisse der optischen Industrie in Rathenow

164 | Die Denkmale der Chemieindustrie in Premnitz

166
ZIEGELEIEN, NÄHMASCHINEN UND
EISENBAHNTRADITIONEN
OBERHAVEL, RUPPINER LAND UND PRIGNITZ

168 | Die AEG-Feuerwache und AEG-Werkssiedlungen in Hennigsdorf

170 | Das Wasserwerk in Stolpe

171 | Das Ofen- und Keramikmuseum in Velten

173 | Der Ziegeleipark in Mildenberg

175 | Die Industrietraditionen in Wittenberge

176 | Der Bahnhof in Wittenberge

178 | Die Märkische Ölmühle in Wittenberge

179 | Die ehemalige Singer-/Veritas-Nähmaschinenfabrik in Wittenberge

181 | Die Steinbogenbrücke der Strecke Berlin-Hamburg bei Streesow

182 | Die Tuchfabrik Dräger/Quandt in Pritzwalk

186 | Die Paul'sche Tuchfabrik in Wittstock/Dosse

188 | Das Gaswerk und die Wassertürme in Neustadt/Dosse

190 | Die Patentpapierfabrik in Hohenofen

192 | Die Nadelwehre an der Havel in Gülpe und Gahlberg *

194 | Literaturhinweise

197 | Ortsregister

200 | Impressum

* Autor: Matthias Baxmann

VORWORT

Als Robert von Patow in dem neu gegründeten Ministerium für Handel, Gewerbe und Öffentliche Arbeiten in Preußen von April bis Juni 1848 als Minister wirkte, zielte die von ihm vertretene, an die Reformzeit orientierte neue Agrarreform insbesondere auf die Abschaffung der letzten Feudallasten. Er sprach von einer „industriellen Vendée" und verwies damit auf die notwendige industrielle Modernisierung der damaligen Provinz Brandenburg. Denn das Land östlich der Elbe war geprägt durch eine raumgreifende Landwirtschaft. Und gestützt durch das literarische Werk des Dichters der Mark Theodor Fontane prägte sich das Bild einer Landschaft mit Feldern, Wiesen, Wäldern, Seen und sumpfigen Flusslandschaften, mit stattlichen Guts- und Schlossanlagen, mit Klöstern und pittoresken Dörfern, verträumten Ackerbürgerstädten und hoch aufragenden, weithin sichtbaren Feld- und Backsteinkirchen. Dieses Bild hat sich bis in unsere Zeit mehr oder weniger bewahrt. Doch waren die ersten Vorboten der industriellen Entwicklung, des Wandels, der in den kommenden Jahren die Gesellschaft von Grund auf veränderte, auch in diesem Teil Preußens schon unübersehbar, so die zahlreichen frühindustriellen Fabrikgründungen im Finowtal, in der Lausitz oder im Umland der urbanen Zentren, so in Cottbus, Forst, Brandenburg/Havel und insbesondere Berlin, ebenso das dichte Netz von künstlich geschaffenen Wasserwegen, der forcierte Ausbau der Straßen und die frühen Eisenbahnverbindungen von Berlin nach Potsdam 1838, nach Hamburg 1846 oder Dresden 1848. Sie dienten dem Transport von Rohstoffen und Waren als wesentliche Grundlage für die wirtschaftliche Entwicklung. Es waren durchaus gewichtige Marksteine auf dem Weg in die sich ankündigende Industriegesellschaft. In gewisser Weise war es auch der Anschluss an die industrielle Entwicklung in den Rheinprovinzen, wenn nicht sogar an England. Aus Werkstätten wurden Fabriken, die Güter entwickelten sich zu industrialisierten Agrarbetrieben, Warenhäuser ergänzten nun den Kleinhandel und es begann eine intensive Ausbeutung der wenigen Bodenschätze wie Raseneisenstein, Braunkohle, Kalkstein, Kies, Gips oder Quarzsande. Ihre Gewinnung, wie auch die aus der Land- und Forstwirtschaft produzierten Rohstoffe, waren die Voraussetzungen für die nun entstehenden produktiven

Industrieanlagen, in deren Folge durch die sprunghaft anwachsende Bevölkerung auch die Stadtanlagen ihre seit Jahrhunderten bestehenden Grenzen überschritten. Berlin expandierte zu einer der größten Industriestädte Europas. Sie wurde zur Metropole, die gierig die Ressourcen der sie umgebenden Provinz aufsaugte.

Nach dem Zweiten Weltkrieg erfasste eine neue Industrialisierungswelle das Gebiet des heutigen Landes Brandenburg. Selbst in Regionen, die bis dahin ihren ländlichen Charakter bewahrt hatten, entstanden neue Industrieagglomerationen, ohne die die DDR wohl kaum Bestand gehabt hätte.

Die erstaunliche Vielfalt an entwicklungsgeschichtlichen Zeugnissen der Industriekultur im Land Brandenburg ist für die Denkmalpflege eine besondere Herausforderung. Sie bezeugen die Geschichte der Technik, die Architektur der Produktionsstätten, die Sozialgeschichte des Industriezeitalters, gleichwohl die Kultur der Arbeit wie auch die Entwicklung der Industrielandschaften. Nicht selten bedeutet das Ringen um gesellschaftliche Akzeptanz für die Erhaltung dieser unserem kulturhistorischen Erbe zugehörigen Denkmale einen Kraftakt. Die Denkmalpflege des Landes Brandenburg kann aber insbesondere in den letzten Jahren durchaus mit vielbeachteten Beispielen ihres Wirkens aufwarten. Es war ein schwieriger Weg. Die Technik- und Industriedenkmalpflege „entdeckte" erst in den 1950er Jahren das gesellschaftliche Umfeld industrieller Produktion und leitete damit eine Art Paradigmenwechsel in der Denkmalpflege ein, der dann ab den 1970er Jahren wirksam wurde.

Der vorliegende Führer durch die Industriekultur des Landes Brandenburg bezeugt diesen Prozess, das Bemühen um die Anerkennung des Denkmalwertes der Objekte und ihre Nach- bzw. Umnutzung. Er führt den Leser in die verschiedenen Regionen unseres Landes und offenbart ihre industriekulturelle Vielfalt in anschaulicher Art und Weise – die Biotürme in Lauchhammer, die Förderbrücke F60 in Lichterfeld, das Kraftwerk in Plessa, der Siemens-Martin-Ofen im ehemaligen Stahl- und Walzwerk Brandenburg/Havel, die Brikettfabrik LOUISE in Domsdorf, die „Gartenstadt Marga" in Senftenberg, auch Glashütte bei Baruth/Mark oder das ehemalige Dieselkraftwerk in Cottbus. Doch die vorgestellten Beispiele bezeugen nicht nur die Entwicklung in der Technik- und Industriekultur, sondern auch die einhergehenden gesellschaftlichen Veränderungen, die die rasante Industrialisierung seit dem Ende des 19. Jahrhunderts bewirkte.

Ich bin mir sicher, dass dieser profunde Führer durch die Industriekultur des Landes Brandenburg nicht nur einen breiten Leserkreis finden wird, sondern auch das Verständnis für die Erhaltung ihrer Zeugnisse wecken und befördern wird. Den Autoren und dem Verlag danke ich sehr für ihr Engagement und ihre Beharrlichkeit, ohne die das Vorhaben nicht zu verwirklichen gewesen wäre.

Prof. Dr. Detlef Karg
Landeskonservator Brandenburg

WILLKOMMEN UND ABSCHIED
INDUSTRIELLER WANDEL IN DER BRANDENBURGISCHEN PROVINZ

In der zweiten Hälfte des 19. Jahrhunderts vollzog sich auf dem Territorium des heutigen Bundeslandes Brandenburg ein gesellschaftlicher Wandel, den wir heute retrospektiv als „Industrielle Revolution" bezeichnen. Dass dieser Begriff in Bezug auf die damalige Provinz Brandenburg keineswegs eine semantische oder intellektuelle Übertreibung ist, zeigt die Tatsache, dass auch in diesem Teil Preußens die industriellen Umwälzungen alle Bereiche der Gesellschaft erfassten, die Arbeits- und Lebensverhältnisse der hier lebenden Menschen grundlegend veränderten, genauso wie die wirtschaftlichen Strukturen, die sozialen Beziehungen und nicht zuletzt die Siedlungsstruktur und die Landschaft. Die Industrialisierung in der Mark Brandenburg und der brandenburgischen Lausitz definiert sich zunächst, angespornt vom englischen Vorbild und der Entfaltung industrieller Zentren Preußens an der Ruhr, in Westfalen oder Oberschlesien als hauptstadtgebundene Sonderform (Otto Büsch), wenngleich sie nicht allein als regionale Partizipation des industriellen Aufstiegs von Berlin als Hauptstadt des deutschen Nationalstaates und industriellen Zentrums Europas begriffen werden darf. Träger dieser Entwicklung sind anders als in England nicht vorrangig Vertreter eines aufgeklärten Adels – die diesbezüglichen Aktivitäten der Familie von Löwenthal/von Einsiedel in der Gegend des heutigen Lauchhammer sind hier eine der seltenen Ausnahmen von der Regel –, sondern Handwerker und Kaufleute oder Absolventen der sich gerade erst etablierenden technischen Bildungsanstalten gewesen. Nicht selten weit gereist und mit einem überdurchschnittlichen Bildungsstand machten sie die Erfahrungen aus dem Mutterland der Industrialisierung zur Grundlage ihrer unternehmerischen Entscheidungen und modernisierten ihren meist ererbten Besitz. Darüber hinaus waren es, wie schon Jahrhunderte zuvor, Impulse ausländischer Unternehmer, die hier eine Pionierrolle spielten. Genannt seien an dieser Stelle stellvertretend die Gebrüder William und John Cockerill, die auf der Grundlage einer „Allerhöchsten Kabinettsordre" vom 10. Juni 1816 im Cottbuser Schloss eine Dampfspinnerei einrichteten, die sie mit modernen Arkwright-Maschinen ausrüsteten. Im benachbarten Guben bauten sie die ehemalige Klostermühle zur Fabrik und Spinnerei aus – zwei Beispiele von etwa 60 industriellen Unternehmungen der englisch-belgischen Unternehmerdynastie in ganz Europa, die freilich in der Provinz Brandenburg lange Zeit ohne Nachfolger blieben. Gleichwohl – der Anfang war gemacht und ab der zweiten Hälfte des 19. Jahrhunderts entwickelte sich gerade die Niederlausitz zum tatsächlichen Industriebezirk der preußischen Kernprovinz rund um die Metropole Berlin. Den politischen Weg dafür ebnete die Einführung der Gewerbefreiheit in Preußen (1810), die neben weiteren Reformen und staatlichen Infrastrukturprojekten die späteren Umwälzungen nach 1850 bereits in der ersten Hälfte des 19. Jahrhunderts antizipierten. Die Gewerbefreiheit schuf die Grundlage dafür, die Restriktionen und Reglementierungen des mittelalterlichen Zunftwesens und der preußischen Ständegesellschaft aufzubrechen. Es dauerte weitere 35 Jahre, bis mit der preußischen Gewerbeordnung von 1845 und deren Novellierung 1849 weiter bestehende gesetzliche Beschränkungen in Handel und Gewerbe fielen. Als „Instrument staatlicher Gewerbeförderung" diente u. a. die 1772 von Friedrich II. gegründete Societé de Commerce Maritime. Die Königlich Preußische Seehandlung wurde 1820 per Gesetz ein ministeriell unabhängiges Institut des Staates, das vor allem als staatliches Bankinstitut in den preußischen Provinzen Brandenburg und Schlesien die wirtschaftliche Entwicklung mittels Kreditvergabe förderte. Kapitalbeteiligungen an privaten Fabrikgründungen, die Gründung und die Führung von Musterbetrieben oder die Stützung des Wollmarktes als Grundlage für die Entfaltung und Stabilisierung des Textilgewerbes waren weitere Geschäftsfelder der Seehandlung. Einige dieser Fabrikgründungen werden in diesem Buch vorgestellt: die Dampfmühle in Potsdam, die Patentpapierfabrik in Hohenofen bei Neustadt/Dosse oder die Chemische Produktenfabrik Oranienburg, die sich sehr bald zu einer der führenden chemischen Fabriken in Preußen entwickelte. (Wolfgang Radtke)

Von besonderer Bedeutung für die Landesentwicklung und die Industrialisierung war jedoch die Förderung des Chausseestraßenbaus durch die Königliche Seehandlung. Mit großem Aufwand entstand ein radial von Berlin aus angelegtes System von Kunststraßen, die die gesamte Provinz erschlossen und die städtischen Wirtschaften in Wittstock/Dosse, Perleberg, Neuruppin, Potsdam, Brandenburg/Havel, Strausberg, Eberswalde, Wriezen, Prenzlau, Schwedt/Oder, Luckenwalde, Jüterbog, Cottbus, Forst, Guben und Finsterwalde mit der Metropole Berlin und darüber hinaus verbanden und damit das Konjunkturklima für die industrielle Entwicklung in diesen Städten förderte. Die Förderpolitik des Instituts begünstigte nicht zuletzt auch die Dampfschifffahrt auf den märkischen Wasserstraßen, den natürlichen wie die Flüsse Spree, Dahme, Havel, Oder, Neiße, Schwarze Elster und Elbe oder auf dem bereits seit der frühen Neuzeit entstandenen Netz künstlicher Wasserstraßen, deren weiteren Ausbau und Modernisierung der preußische Staat ab der ersten Hälfte des 19. Jahrhunderts forcierte. Als sich Brandenburg-Preußen anschickte, den Aufbruch in das Zeitalter der „Großen Industrie" (Karl Marx) zu wagen, konnte es bereits auf ein System von Wasserstraßen zurückgreifen, das in Europa neben England und Frankreich zu den bedeutendsten dieser Zeit gehörte. Nirgendwo in Preußen und den anderen deutschen Ländern gab es Anfang des 19.

Jahrhunderts mehr Wasserstraßen als in der Provinz Brandenburg. Die brandenburgisch-preußischen Herrscher ließen bereits seit dem 16. Jahrhundert das Wasserstraßennetz durch Flussregulierungen und Kanalbauten, die die Flussgebiete miteinander verbanden, ausbauen. Bedeutende Kanalbauten waren der Nottekanal (ab 1568), der Finowkanal (ab 1605), der Friedrich-Wilhelms-Kanal (1662 bis 1668), der Plauer Kanal (1743 bis 1745), der Rhin- und Ruppiner-Kanal (1787 bis 1791) etc. Dieses Wasserstraßennetz wurde in der Zeit der Hochindustrialisierung trotz Eisenbahn und Straßenbau noch einmal erweitert, u. a. durch den Oder-Spree-Kanal (ab 1886), Teltowkanal (ab 1900) und den Oder-Havel-Kanal (ab 1906). Aus dieser Zeit stammen die in diesem Buch vorgestellten Schleusentreppe und Schiffshebewerk in Niederfinow sowie die Teltowkanalschleuse in Kleinmachnow. Das wichtigste Verkehrsmittel der „Industriellen Revolution" war jedoch die Eisenbahn. Die Produktion materieller Güter und der Verkehr stehen von jeher in einer symbiotischen Beziehung zueinander. Mit Ochsenkarren, Pferd und Wagen, Kutschen, Tragkorb, Flößen und getreidelten Lastkähnen konnte der Aufbruch in die neue Zeit, die einen zuverlässigen Transport von Waren und Informationen oder die Mobilität der Menschen erforderte, nicht gelingen. Damit die vorhandenen Verkehrs- und Kommunikationsmöglichkeiten nicht zum „unerträglichen Hemmschuh der großen Industrie" (Karl Marx) wurden, bedurfte es eines neuen, innovativen Verkehrs- und Nachrichtensystems. Die Anforderungen an ein solches System, das imstande war, die Industrie mit Rohstoffen und Halbfertigerzeugnissen zu versorgen und die in den Fabriken massenhaft erzeugten Güter zu verteilen, waren Kontinuität, Stabilität, Schnelligkeit, Sicherheit, Zuverlässigkeit und Pünktlichkeit. In der Provinz Brandenburg begann man ab den 1840er Jahren mit einem System von Eisenbahnen, Flussschiffen und Telegrafen, sich diesen Erfordernissen anzupassen. 1838 nahm die Berlin-Potsdamer Eisenbahn als erste Eisenbahnstrecke Preußens ihren Betrieb auf. Der Ausbau der Strecke bis Magdeburg als Berlin-Potsdamer-Magdeburger Eisenbahn war 1846 abgeschlossen. Die Berlin-Stettiner Eisenbahn ging zwischen 1842/43 in Betrieb. In der Folgezeit wurde die Strecke bis 1873 zweigleisig ausgebaut. Damit war die wichtige Verkehrsanbindung zur Ostsee hergestellt. Das ambitionierteste Projekt war dann die Berlin-Hamburger Eisenbahn, die 1846 in Betrieb ging und Berlin über eine 286 Kilometer lange Eisenbahnstrecke mit dem wichtigen Überseehafen Hamburg als Tor zur Welt verband. Noch heute zeugen die teilweise in ihrem ursprünglichen Zustand erhaltenen, klassizistischen Bahnhofsbauten von der Pionierleistung des damaligen Eisenbahnbaus. Der Anfang war gemacht und in der Folge trieb man die sternförmige Anbindung Berlins an das entstehende Eisenbahnnetz zügig voran. 1847 folgten die Niederschlesisch-Märkische Eisenbahn, die Berlin über Frankfurt/Oder mit Breslau verband und 1848 die Berlin-Dresdener Eisenbahn als bedeutsame Verbindung nach Sachsen. Zunächst privat finanziert und betrieben, übernahm der preußische Staat bzw. das Deutsche Reich sukzessive die Bahnen und baute sie weiter in der Fläche aus. Nicht unerwähnt bleiben soll an dieser Stelle, dass das Eisenbahnzeitalter in der Lausitz, inspiriert von der Pferdeeisenbahn Linz-Budweis und den frühen englischen Industriebahnen, 1846 mit einer Pferdeeisenbahn begann, die Cottbus mit Goyatz am Schwielochsee verband. Von dort konnten die in der Lausitz produzierten Waren auf dem Wasserweg Berlin erreichen. Die Bahn war bis 1870 in Betrieb. Sie verlor ihre Bedeutung, als in der zweiten Hälfte des 19. Jahrhunderts auch die Lausitz an das rasant wachsende Eisenbahnnetz Anschluss fand. Von Bedeutung war weiterhin der Bau der Brandenburgischen Städtebahn, mit der der preußische Staat das zunehmend auftretende ökonomische Ungleichgewicht zwischen der Metropolenregion um Berlin und dem peripheren Bereich der Provinz abzumildern versuchte. (Wolfgang Radtke)

Parallel zum Ausbau der Bahnstrecken entstanden leistungsfähige Telegrafenverbindungen, ohne die die Bahnen nicht hätten betrieben werden können. Der Eisenbahnbau wurde so in der Provinz Brandenburg im wörtlichen Sinne zur Lokomotive der Industrialisierung und initiierte darüber hinaus wesentliche technische Entwicklungen im Maschinenbau, der Schwerindustrie und den Kommunikationstechniken. Der eigentliche industrielle Leitsektor war jedoch die Textilindustrie. Nach dem Bedeutungsverlust Berlins in diesem Wirtschaftssegment und der entsprechenden Abwanderung der Betriebe und Arbeiter vor allem in die Niederlausitz entwickelte sich diese Region zum Zentrum der Textilindustrie in der Provinz Brandenburg. Von Bedeutung waren auf dem Sektor aber auch Städte wie Luckenwalde, Neuruppin, Brandenburg/Havel, Perleberg oder Wittstock/Dosse. Gleichwohl ist zu konstatieren, dass die Provinz Brandenburg nach der Reichsgründung von 1871 trotz einer erstaunlichen industriellen Diversität ein höchst unterschiedliches Bild bot und sich zudem „eine merkwürdige Entleerung bzw. Ausdünnung ländlicher und kleinstädtischer Räume zugunsten der gewerblich-industriellen Konzentration in relativ wenigen großstädtischen Ballungszentren" (Otto Büsch) vollzog. Im Zuge der „Industriellen Revolution" entwickelten sich so in der Provinz im Wesentlichen drei industrielle Kernzonen: das Finowtal mit der Stadt Eberswalde, die Niederlausitz um die Stadt Cottbus und der Verflechtungsraum um die Metropole Berlin. Ein großer Teil der Provinz blieb abseits der Eisenbahnen und Wasserstraßen ausschließlich agrarisch geprägt. Daran änderte auch die große Industrialisierungswelle während der DDR-Zeit kaum etwas.

Seit Anfang des 17. Jahrhunderts entstand im Finowtal bei Eberswalde das erste frühindustrielle Zentrum der Mark Brandenburg. Heute erinnern die Eberswalder Stadtteile Kupferhammer, Eisenspalterei und Messingwerk an die hier ansässigen Industrien, was der Stadt in Anlehnung an das industrielle Wirtschaftswunder in der preußischen Rheinprovinz den Namen „märkisches Wuppertal" einbrachte. Beeindruckende Bauwerke und technische Anlagen aus drei Jahrhunderten prägen nach wie vor diese in der Region Berlin-Brandenburg einzigartige, industriell geprägte Kulturlandschaft, deren wirtschaftliche Lebensader der Finowkanal war. Der Maler Carl Blechen verarbeite 1830 bei einem Besuch des damaligen Kurorts Eberswalde in seinem Gemälde „Walzwerk Neustadt-Eberswalde" und in zehn Zeichnungen seine Eindrücke von der Eisenspalterei, dem Kupferhammer und dem Messingwerk. Im Auf und Ab der industriellen Entwicklung konnte sich das Finowtal bis heute einigermaßen behaupten, was sich u. a. dadurch manifestiert, dass Eberswalde und Umgebung zu den regionalen Wirtschaftskernen des Landes Brandenburg zählt. Die industrielle Entwicklung im Berliner Umland profitierte ganz wesentlich vom Metropolenwachstum der Hauptstadt und dem dynamischen Wachstum seiner großstädtischen Vororte. Städte wie Charlottenburg, Neukölln bzw. Rixdorf, Wilmersdorf und Schöneberg blieben bis Anfang der 1920er Jahre selbständige Städte, wenngleich sie funktional in die Entwicklung der Metropolenregion eingebunden waren. Hinzu kam die Abwanderung Berliner Industriebetriebe in das unmittelbare Umland, weil sich hier weitaus bessere Expansionsmöglichkeiten boten. Davon profitierten im Nordwesten vor allem die Ortschaften Hennigsdorf, Tegel, Siemensstadt und Spandau, im Südosten Oberschöneweide, Wildau, Erkner und Fürstenwalde. Der Regierungsbezirk Potsdam stieg in der Zeit von 1849 bis 1907 als einzige von 62 in ganz Deutschland untersuchten Regionen von einem ländlich-rückständigen zu einem durchschnittlich entwickelten und in der Folge zu einem industriell-fortschrittlichen Gebiet auf. (Uwe Müller)

Günstige infrastrukturelle Rahmenbedingungen begünstigten den Aufstieg von Brandenburg/Havel zur größten Industriestadt der Region nach Groß-Berlin. Die 1871 von den Gebrüdern Reichstein gegründeten Brennabor-Werke wurden zur Konjunkturlokomotive der Stadt. In den 1920er Jahren war die Firma einer der wichtigsten Automobilproduzenten Deutschlands. Mit dem Bau des größten Siemens-Martin-Stahlwerks östlich der Elbe im Jahr 1912 wurde die Stadt Brandenburg/Havel zum schwerindustriellen Zentrum der Provinz. Als Anfang der 1950er Jahre die Gräben des Kalten Krieges immer tiefer wurden und tradierte wirtschaftliche Beziehungen zusammenbrachen, war die DDR gezwungen, sich eine eigene schwerindustrielle Basis zu schaffen. Neben dem mit großer Kraftanstrengung buchstäblich aus dem märkischen Sandboden gestampften Eisenhüttenkombinat Ost in Eisenhüttenstadt (vormals Stalinstadt) wurde die Stahlschmelze in Brandenburg zum metallurgischen Rückgrat der DDR-Industrie. Darüber hinaus begünstigte die Entfaltung der Schwerindustrie in Brandenburg/Havel eine breit aufgestellte mittelständische Industrie. Das nicht weit von Brandenburg/Havel entfernte Rathenow entwickelte sich zu einem Zentrum der optischen Industrie, die bis heute hier ansässig ist. Die Grundlage dafür schuf im Jahr 1801 Johann Duncker gemeinsam mit dem Garnisonspfarrer S. C. Wagner, die in Rathenow mit der „Königlich privilegierten optischen Industrie-Anstalt" den ersten optischen Betrieb in Deutschland gründeten. Das nördlich von Berlin gelegene Oranienburg entfaltete sich zu einem überregional bedeutsamen Zentrum der Teerfarbenchemie. 1833 entdeckte der 1867 in Oranienburg verstorbene Friedlieb Ferdinand Runge im Steinkohleteer das Anilin und die Karbolsäure und legte damit den Grundstein für die Synthese von Teerfarbstoffen. Das enorme Metropolenwachstum von Berlin beförderte in der Hauptstadtregion eine ausgedehnte Baustoffindustrie, deren wichtigsten Standorte Rüdersdorf (Kalkstein), Sperenberg (Gips), Zehdenick (Ziegel) und Glindow (Ziegel) sowie Velten (Öfen und Kacheln) waren. Die Berlin ferne Baustoffindustrie im Oderbruch oder der Prignitz war eher von regionaler Bedeutung. Eine Ausnahme bildete die Niederlausitz, die ab Anfang des 20. Jahrhunderts verstärkt Ziegel und Fensterglas für den Metropolenausbau lieferte. Mit dem Übergang zur Tagebautechnologie in den Niederlausitzer Braunkohlegruben entstand hier als bergbaulicher Synergieeffekt eine bedeutende Ziegeleiindustrie, deren Grundlage die im Deckgebirge über der Kohle reichlich vorhandenen Tonlagerstätten waren. Die größte Ziegelei des Reviers betrieb die Ilse Bergbau Aktiengesellschaft in Großräschen, wo in der DDR von 1954 bis 1990 die zentrale Ausbildung der Ziegler für das gesamte Gebiet der DDR stattfand. Einen Aufschwung nahm in diesem Zusammenhang die in der Niederlausitz traditionell ansässige Glasindustrie, die neben Haushaltsgläsern und Luxuswaren verstärkt Flachglas nach Berlin lieferte. Damit wurde eine industrielle Tradition begründet, die erst mit den sozio-ökonomischen Verwerfungen nach 1990 abrupt abbrach. So stellte u. a. der Gebrauchsglasproduzent in Finsterwalde (Strahlauer Glashütte, vormals Georgenhütte) Anfang der 1990er Jahre seinen Betrieb ein. Das Werk an der Bahnlinie von Cottbus nach Leipzig ist heute eine Industrieruine, deren Schornstein sich als Mahnmal einer planlosen Treuhand-Deindustrialisierung weithin über die Landschaft erhebt. Bis auf die Glashütte in Schönborn ist die Glasproduktion in der brandenburgischen Lausitz gänzlich zum Erliegen gekommen, wenngleich bei der Glashütte in Döbern immer mal wieder Hoffnung auf eine Renaissance der traditionellen Glasproduktion aufkeimte. Generell war jedoch die Kohle- und Energiewirtschaft sowie die Textilindustrie die Grundlage dafür, dass seit dem letzten Drittel des 19. Jahrhunderts die Niederlausitz zum wichtigsten Industriebezirk der preußischen Provinz Brandenburg wurde und sich zum Schrittmacher der Industrialisierung südlich von Berlin entwickelte. Das hier traditionell ansässige Tuchmachergewerbe (Leinen- und Wollweberei) nahm nach 1850 einen gewaltigen Aufschwung, nachdem die in Berlin ansässigen Betriebe aufgrund der sich verschlechternden wirtschaftlichen Verwertungsbedingungen die Stadt verließen und sich vor allem in der Lausitz ansiedelten. Städte wie Cottbus, Forst („Deutsches Manchester"), Guben, Spremberg oder Finsterwalde profitierten von dieser Entwicklung und nahmen einen enormen industriellen Aufschwung, der partiell bis zum Ende der DDR anhielt. Eindrucksvolle Fabrikbauten in Forst oder Cottbus zeugen noch heute davon, dass die preußische Niederlausitz ein bedeutendes Zentrum der deutschen Textilindustrie gewesen ist. Bis auf Forst, wo sich viele Betriebe auf eine Produktionsstufe beschränkten, finden wir in den anderen niederlausitzer Textilstädten Volltuchfabriken oder Fabriken mit mehreren Produktionsstufen, was noch heute an den ansehnlichen Fabrikbauten ablesbar ist. Diese werden jedoch zunehmend für die genannten Städte zu einem schwierigen Erbe, da sie aufgrund ihres morbiden Charmes häufig als „Schandflecken" empfunden werden, ohne zu beachten, dass diese Fabriken einst die Grundlage für den heutigen Wohlstand schufen. Die Konzentration der Textilindustrie in der Niederlausitz hatte ummittelbare wie mittelbare Auswirkungen auf die Gewerbe in anderen Städten der Mark, u. a. in Neuruppin oder Brandenburg/Havel, wo ein Strukturwandel hin zur Metallverarbeitung und zum Maschinen- und Fahrzeugbau vollzogen wurde. Letztlich prägte jedoch die Niederlausitz die Kohle- und Energiewirtschaft, die nach dem Zweiten Weltkrieg das Rückgrat der DDR-Volkswirtschaft war und noch heute der wichtigste Wertschöpfungsfaktor der Region ist.

Die Träger flachländischen „Berggeschreis" in der Lausitz waren anfangs Eigentümer frühindustrieller Betriebe (Ziegeleien, Brennereien, Tuchfabriken, Glashütten), die in der hier reichlich vorkommenden Braunkohle einen nachhaltigen Ersatz für den immer knapper werdenden Brennstoff Holz sahen. Die Anfänge des Aufbruchs in das Kohlezeitalter waren zunächst bescheiden, die Förderung vergleichsweise gering und diskontinuierlich. Selbständige Bergbauunternehmer, die den Bergbau als alleinige Einkommensquelle betrieben, blieben bis zu den Gründerjahren die Ausnahme von der Regel. Der Brennstoffbedarf stieg dann seit Anfang der 1870er Jahre rasant an. Dennoch bedurfte es einer tief greifenden technischen Innovation, damit die heimische Braunkohle, die einen relativ geringen Heizwert hatte, zum hochwertigen Haus- und Industriebrennstoff sowie zum Rohstoff für die chemische Industrie werden konnte. Die Brikettierung der Braunkohle nach einem Verfahren, das 1858 bei Halle/Saale erstmals industriell angewendet wurde, brachte dann den ersehnten Durchbruch. 15 Jahre später entstanden in der preußischen Niederlausitz die ersten Brikettfabriken, die die Kohle von neu gegründeten, zunächst im Tiefbau fördernden Bergbaubetrieben bezogen. Die rechtliche Grundlage dafür bildete das Allgemeine Preußische Berggesetz von 1865. Vor allem das Bergbaurevier um die Stadt Senftenberg entfaltete sich bis zur Wende zum 20. Jahrhundert zu einem der bedeutendsten Braunkohleveredelungsstandorte in Deutschland, für den man zur verkehrstechnischen Erschließung des Reviers eigens die Zschipkau-Finsterwalder Eisenbahn gründete, die dann die reichste deutsche Privatbahn wurde. Als Fabrik der ersten Generation zeugt heute das technische Denkmal Brikettfabrik LOUISE bei Domsdorf von diesem Boom. Als letzte von einst etwa 120 Fabriken produziert gegenwärtig nur noch die Brikettfabrik in Schwarze Pumpe die einst so begehrten Kohlesteine. Die heute in den drei brandenburgischen Tagebauen geförderte Kohle wird vor allem für die Stromproduktion in den Großkraftwerken Schwarze Pumpe und Jänschwalde verbrannt. Und so verwundert es nicht, dass auch bei der Kohleverstromung und -verteilung die Niederlausitz technologische Spitzenleistungen kreierte. Am 12. Januar 1912 ging hier die erste europäische 110-kV-Hochspannungsfernleitung, sie führte vom brandenburgischen Lauchhammer ins sächsische Riesa, in Betrieb. Der Dualismus von Brikettierung und Verstromung von Braunkohle brachte einen exorbitanten Nachfrageschub für den Rohstoff. Große, voll mechanisierte Tagebaubetriebe entstanden. Am Vorabend des Zweiten Weltkrieges war die stark monopolisierte Braunkohleindustrie (fünf Bergbaukonzerne, von denen die meisten miteinander verflochten waren) der Niederlausitz der zweitgrößte Kohle- und Energiestandort in Deutschland, wo man in Schwarzheide aus Braunkohle auch Benzin für die autarke Kriegsvorbereitung des NS-Regimes produzierte. Nach dem Krieg wurde die Niederlausitz zum Kohle- und Energiezentrum der DDR. Neue Großtagebaue entstanden, neue Kraftwerke und Brikettfabriken wurden gebaut und in Lauchhammer und

Schwarze Pumpe produzierte man in gewaltigen Industrieanlagen nach einem Verfahren der Freiberger Wissenschaftler Bilkenroth und Rammler hüttenfähigen Braunkohlehochtemperaturkoks. Als Nebenprodukt der BHT-Koks-Produktion wurden die Werke zum größten Stadtgas- und Teerproduzenten der DDR. Heute zeugen nur noch die so genannten Biotürme in Lauchhammer von dieser technologischen Spitzenleistung, die aber letztlich nur unter den Bedingungen der DDR-Mangelwirtschaft realisierbar war. Als Synergie des industriellen Braunkohlebooms entstand in Lauchhammer ein weltweit anerkannter Produktionsstandort für Tagebaugroßgeräte und Bergbaumaschinen – eine Tradition, die bis in die 1830er Jahre zurückreicht. Symbole dafür sind die seit den frühen 1920er Jahren produzierten und seitdem ständig weiterentwickelten Abraumförderbrücken, von denen in Lichterfeld am Rand des ehemaligen Tagebaus Klettwitz-Nord die letzte in Lauchhammer gebaute Förderbrücke vom Typ F60 als Besucherbergwerk besichtigt werden kann. Nach 1990 wurden die meisten Braunkohlewerke und Kraftwerke des Lausitzer Reviers still gelegt und abgerissen. Der aktive Bergbau und die Braunkohleveredelung sind jetzt am östlichen Rand des ehemaligen Lausitzer Bergbaureviers platziert. Gleichwohl sind die Spuren und die Kultur des hier über 150 Jahre ansässigen Bergbaus nach wie vor erfahrbar. Werkssiedlungen wie die „Gartenstadt Marga" in Senftenberg oder der Grundhof in Lauchhammer zeugen von dieser einzigartigen Industriekultur im Land Brandenburg. Den Transformationsprozess der ehemaligen Bergbauregion in eine wie auch immer geartete postindustrielle Zukunft begleitet seit dem Jahr 2000 die Internationale Bauausstellung Fürst-Pückler-Land, die zum Leitbild ihrer Tätigkeit den Strukturwandel der „größten Landschaftsbaustelle" Europas postuliert. Sichtbares Zeichen dieses Wandels wird die größte künstliche, durch Kanäle miteinander verbundene Seenlandschaft in Europa sein, von der man sich vor allem die Förderung des Tourismus und damit einen nachhaltigen Wertschöpfungsfaktor für die Zukunft erhofft.

Die klassische Industriegesellschaft geht gerade im Sturm der globalen Krise unwiederbringlich unter. Die Folge ist ein brutaler Transformationsprozess mit immensen sozio-ökonomischen Verwerfungen, dessen Ergebnisse nicht absehbar sind. Was bleibt, sind auch im Land Brandenburg die Zeugnisse einer beeindruckenden Industriekultur als Informationsträger einer bemerkenswerten historischen Entwicklung. Die Provinz Brandenburg entwickelte sich seit Anfang des 19. Jahrhunderts zu einem bedeutenden Industriestandort. Der damalige Transformationsprozess ist mit seiner die Gesellschaft verändernden Tiefgründigkeit durchaus mit dem heutigen vergleichbar. Und so vermitteln die Zeugnisse dieser Industriekultur neben ihrem Informationsgehalt und ihrer Ästhetik auch Hoffnung für die Zukunft.

Matthias Baxmann
Referent technische Denkmale / Industriedenkmale am Brandenburgischen Landesamt für Denkmalpflege und Archäologischen Landesmuseum

ZUR AUSWAHL DER OBJEKTE

Der vorliegende Führer lädt zu einem Besuch der zahlreichen Industriedenkmäler Brandenburgs ein. Die Auswahl der vorgestellten Objekte wurde dabei von vier Kriterien bestimmt:
• die Orte haben entweder in ihrer geschichtlichen Bedeutung oder von ihrem architektonischen Stellenwert her eine überregionale Bedeutung,
• sie sind als herausragendes Zeugnis der Sozial- und Technikgeschichte des Industriezeitalters im Land Brandenburg anzusehen,
• sie sind in die Denkmalliste des Landes Brandenburg aufgenommen worden,
• sie sind zumindest zeitweilig interessierten Besuchern zugänglich.

Im Land Brandenburg wird zunehmend das touristische und damit sozio-ökonomische Potenzial von Industriekultur erkannt. Zahlreiche industriekulturelle Orte sind inzwischen zu beliebten touristischen Zielen geworden. Die TMB Tourismus Marketing Brandenburg GmbH bietet den Besuchern Brandenburgs im Internet ausführliche Informationen zu den Highlights der Industriekultur (www.reiseland-brandenburg.de/pages/reisethemen_kultur_industriekultur). Zahlreiche hier vorgestellte Objekte sind in der Europäischen Route der Industriekultur (European Route of Industrial Heritage ERIH) aufgenommen. So entsteht ein Netzwerk aus Meilensteinen der Industriegeschichte.

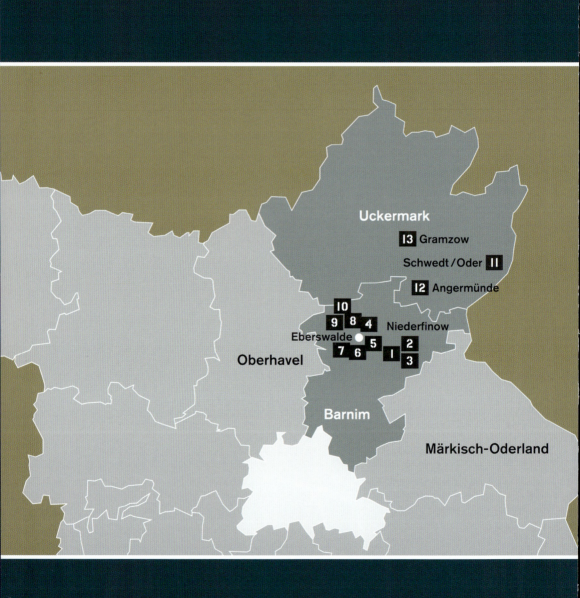

URSPRÜNGE DER PREUSSISCHEN INDUSTRIE IN DER MARK BARNIM UND UCKERMARK

Flüsse, Triftgräben und Kanäle waren in der gewässerreichen Mark Brandenburg entscheidend für die Kulturlandschaftsentwicklung, für die Entwicklung der Städte und dörflichen Siedlungen, für die Entfaltung von Handel und Gewerbe.

Der Fluss Finow im Landkreis Barnim ließ durch sein Gefälle schon früh wasserbetriebene Anlagen in dem wenig besiedelten Gebiet im Norden Berlins entstehen. So entwickelte sich 1532 westlich von Eberswalde als erste Anlage dieser Art in der Mark Brandenburg eine Papiermühle. Auch zwei Kupferhämmer und ein Eisenhammer (Werkstätten, die das in Hütten gewonnene Rohmetall zu Halb- und Fertigprodukten verarbeiteten) nutzten schon in den ersten Jahren des 17. Jahrhunderts das Wasser der Finow als Antriebskraft.

1620 wurde der erste Kanalbau, der Finowkanal, fertig gestellt. Er verband die Havel bei Liebenwalde mit der Oder und war der erste Kanal in Deutschland, der zwei Stromgebiete miteinander verband. Während des Dreißigjährigen Krieges verfiel die Anlage ebenso wie die ersten Zeugnisse einer frühindustriellen Entwicklung. Nach einer 50 Jahre währenden Agonie erfolgte Ende des 17. Jahrhunderts der Wiederaufbau des Landes, der nach Baustoffen jeder Art, nach Eisen, Metallen und gewerblichen Verbrauchsgütern sowie Nahrungsmitteln verlangte. So wurde 1696 bei Eberswalde ein Messingwerk errichtet, 1698 folgte eine Eisenspalterei, 1728 der Bau einer Papierfabrik. Durch den Bau des zweiten Finowkanals von 1743 bis 1746 war die Voraussetzung für die weitere Entwicklung in diesem industriellen Kerngebiet Brandenburgs geschaffen.

Jetzt war Berlin über die Havel als Hauptabnehmer der Produkte auf dem Wasserweg erreichbar. Mit Anschluss an die Eisenbahnlinie Berlin-Stettin und der Eröffnung des „Hohenzollernkanals" im Juni 1914, des Großschifffahrtswegs nach Stettin, wurde die Industrialisierung weiter gefördert.

Da im Finowtal vor allem Metall verarbeitet wurde, kam es vor dem Ersten und Zweiten Weltkrieg durch die Rüstungsindustrie zur beträchtlichen Expansion der Unternehmen. Ohne große Kriegsschäden geblieben, aber umfassend demontiert, war das Gebiet auch in der DDR bald wieder ein industrielles Kerngebiet.

Die industrielle Produktion in Eberswalde und Umgebung schrumpfte Anfang der 1990er Jahre infolge der tief greifenden gesellschaftlichen Entwicklung beträchtlich und verlor in erheblichem Maß ihre vormalige gesamtvolkswirtschaftliche Bedeutung. Zurück blieben die imposanten Zeugnisse einer eindrucksvollen Industrialisierungsgenese, was den Erhalt und die Wiederbelebung durch Umnutzung zu einer dringenden gesellschaftlichen Aufgabe machte.

Die Uckermark dagegen, ein durch Endmoränen geformter hügeliger Landstrich mit etwa 400 Seen, war und ist nach einer Phase industrieller Entwicklung während der DDR-Zeit heute wieder vor allem durch Landwirtschaft und Handwerk sowie einem sich ausweitenden Naturparktourismus geprägt. In der gesamten Uckermark zeugen weithin sichtbare Bauten wie der Getreidespeicher in Gramzow von einer intensiven industriellen Entwicklung in der Landwirtschaft.

Der Finowkanal

TIPP

An der Eberswalder Stadtschleuse (erbaut 1831, 2000/01 saniert) startet der Schleppkahn „Anneliese" (Baujahr 1906) zu Ausflugsfahrten auf dem Kanal. Auch Floßfahrten auf einem eigens für den Personentransport gebauten Floß werden angeboten.

Der Finowkanal ist ein bedeutendes technisches Denkmal, dessen Tradition bis in das 16. Jahrhundert zurückreicht. Als erste Verbindung zwischen zwei Stromgebieten in Deutschland wurde er 1620 in Betrieb genommen. Erste Konzepte für eine Verbindung zwischen Havel und Oder gab es bereits um 1540, als mit der Entwicklung von Kammerschleusen die Möglichkeiten des Kanalbaus entscheidend verbessert wurden. Kurfürst Joachim Friedrich begann schließlich 1605 mit dem Kanalbau. Die Wasserstraße konnte nach jahrelanger Arbeit 1620 in Betrieb genommen werden. Bald darauf machten jedoch die Verwüstungen des Dreißigjährigen Krieges den Kanal unbefahrbar, die meisten Schleusen und Brücken waren entweder zerstört oder verfielen. Durch Wirtschaftsförderung und Neuansiedlungen kam es nach Beendigung des Krieges 1648 zu einem stetigen Wiedererstarken von Handel und Gewerbe. Vor allem die frühindustrielle Wirtschaftspolitik Brandenburg-Preußens förderte in der Gegend um Eberswalde die Wiederherstellung des Kanals. Nach langem Planungsvorlauf erfolgte nach nur knapp dreijähriger Bauzeit (u. a. wurden dazu 600 Soldaten von Friedrich dem Großen abkommandiert) im Juni 1746 die Wiedereröffnung des nun sehr viel leistungsfähigeren Kanals. Er wurde bis Ende des 19. Jahrhunderts stetig mit weiteren Schleusen und Nebenkanälen ausgebaut und vertieft, seine Nutzung immer weiter intensiviert (1885 passierten ihn 22.000 Kähne), bis er schließlich zu Beginn des 20. Jahrhunderts mit knapp drei Millionen Tonnen passierender Güter im Jahr an seine Grenzen stieß.

Durch die Eröffnung des Oder-Havel-Kanals 1914, dem Großschifffahrtsweg nach Stettin, verlor der Finowkanal seine Bedeutung und diente fortan als Neben- und Ausweichstrecke zur kommunalen Versorgung. Nach 1990 kam es durch die Initiative des „Fördervereins Historischer Finowkanal" und intensiven Fördermaßnahmen zu einer Wiederbelebung des Finowkanals durch eine touristische Nutzung. Uferbereiche wurden bereinigt, Treidelpfade wiederhergestellt, Fahrgast- und Floßverbindungen eingerichtet.

Das Schiffshebewerk und die Schleusentreppe in Niederfinow

Hebewerkstraße, 16248 Niederfinow
www.wsa-eberswalde.de

TIPP

Das Schiffshebewerk ist über die Landstraße Liepe/Niederfinow zu erreichen. Sowohl Schifffahrten über das Hebewerk als auch eine Besichtigung des Bauwerks sind möglich.

Die erst 1972 still gelegte alte Schleusentreppe von 1914 ist zum Teil noch erhalten und zu besichtigen. Zur Erhöhung der Leistungsfähigkeit der Anlage bestand zur Betriebszeit ein Schleppdienst mit elektrischen Treidellokomotiven. Die letzte dieser Lokomotiven kann auf der Kanalbrücke des historischen Hebewerks besichtigt werden.

Ebenso lohnt sich der Besuch des Binnenschifffahrtsmuseums in Oderberg. Auf dem Raddampfer „Riesa" (Baujahr 1897) und in den Museumsräumen wird die Entwicklung der Wasserstraßen sowie die Geschichte der Binnenschifffahrt in Brandenburg dokumentiert (www.bs-museum-oderberg.de).

Konkrete Planungen für einen Großschifffahrtsweg Berlin-Stettin bzw. einer leistungsfähigen Oder-Havel-Wasserstraße gehen auf das Jahr 1880 zurück. Der Oder-Havel-Kanal hat eine Länge von 93 Kilometern. Er beginnt an der Schleuse Berlin-Plötzensee. Sie stellt das Bindeglied zwischen der Unteren Spree (über den Berlin-Spandauer-Schifffahrtskanal) und der Oberen Havel dar. Im Raum Eberswalde entstanden beim Bau des Kanals drei Ingenieurbauwerke, die zur damaligen Zeit internationale Spitzenleistungen darstellten. Das war zum einen die Kreuzung der Eisenbahnlinie Berlin-Stettin mittels einer Kanalbrücke und zum anderen die Überquerung des Ragöser Fließes mittels eines 28 Meter hohen Kanaldamms, der mit einem Durchlass für das Fließ versehen wurde. Schließlich wurde der Abstieg zur Oderhaltung des Kanals durch eine Schleusentreppe bewältigt.

Der Höhenunterschied von 36 Metern wurde zunächst mittels hintereinander angeordneten, vier baugleichen Kammerschleusen (9 Meter Hubhöhe, 67 Meter nutzbare Länge, 10 Meter lichte Weite) überwunden – zu dieser Zeit das größte Gefälle, das bis dahin in der Welt an einer Stelle für Schifffahrtszwecke überwunden wurde. Zum Vergleich sei die Schleusentreppe von Fonserannes des Canal du Midi in Frankreich genannt, die mit Hilfe von acht aufeinander folgenden Schleusenkammern eine Höhe von 21,5 Metern überwindet und das bis dahin größte Bauwerk dieser Art war.

Das Passieren der gesamten Schleusentreppe dauerte etwa 90 Minuten. Im Laufe der Zeit konnte die Schleusentreppe den rasch anwachsenden Schifffahrtsverkehr nicht mehr bewältigen. Schon bald nach ihrem Bau wurde deshalb eine Schiffshebeanlage geplant.

Die Geschichte der Schiffshebewerke reicht weit in die Geschichte der Binnenschifffahrt zurück. Das erste Vertikalschiffshebewerk wurde in den 1780er Jahren bei Halsbrücke an der Freiberger Mulde erbaut. Die weltweit ersten Vertikalhe-

bewerke mit Nassförderung entstanden in den 1830er Jahren im Mutterland der Industrialisierung bei Wellisford, England.

Der Bau des Schiffshebewerks in Niederfinow begann nach umfassenden Prüfungen 1926. 1934 war die Anlage betriebsbereit. Die Schleusentreppe stellte fortan ihren Dauerbetrieb ein, blieb jedoch für Spitzenlasten und als Reserve bis in die 1970er Jahre betriebsbereit. Der Rekord, das höchste Vertikalhebewerk der Welt zu sein, wurde erst 1976 durch das Hebewerk Lüneburg gebrochen. Heute sprengen die Schiffshebewerke von Krasnojarsk am sibirischen Jenissei (102 Meter Höhenunterschied) und das Hebewerk am chinesischen Drei-Schluchten-Damm (150 Meter) die damaligen Dimensionen bei weitem. Das schmälert jedoch keineswegs die technologische Pionierleistung des Hebewerks in Niederfinow. Der hydraulische Schifflift arbeitet nach dem Gegengewichtsprinzip. Mit einer Hubhöhe von 36 Metern wird in einem 85 x 12 Meter Trog, der an 256 Drahtseilen hängt und eine Gesamtmasse von 4.300 Tonnen hat, der Unterschied zwischen Unter- und Oberwasser überwunden. Die Leistungsfähigkeit des Schiffshebewerks mit etwa fünf bis sechs Millionen Ladungstonnen pro Jahr

reichte zu DDR-Zeiten aus, um die Schifffahrtsanforderungen zu erfüllen. Für die heute üblichen Schubverbände ist das Werk nicht ausreichend dimensioniert. Der inzwischen unzureichende Ausbauzustand, die relativ geringe Durchlassfähigkeit und der wachsende Schiffsverkehr erfordern den Ausbau der Oder-Havel-Wasserstraße, d. h. den Bau eines neuen Abstiegsbauwerks in Niederfinow und den Ausbau der anschließenden Hohensaaten-Friedrichsthaler Wasserstraße. Schon 1992 wurde dies als „vordringlicher Bedarf im Bundesverkehrswegeplan" eingestuft. Der 60 Meter hohe Neubau, der 1997 beschlossen wurde, wird neben dem denkmalgeschützten Hebewerk von 1934 entstehen und Containerschiffe mit einem Gewicht von 3.000 Tonnen aufnehmen können sowie einen Höhenunterschied von 38 Metern überwinden. Im Herbst 2006 begannen die Erdarbeiten, die Fertigstellung ist für 2013 geplant. Das alte Hebewerk soll vor allem für den touristischen Schiffsverkehr bis mindestens 2025 weiter in Betrieb bleiben.

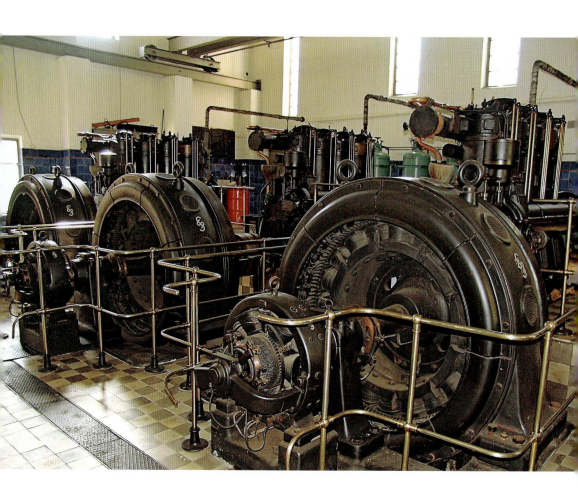

Das Dieselkraftwerk in Niederfinow

Im Rahmen des Ausbaus der Oder-Havel-Wasserstraße als europäischen Großschifffahrtsweg und dem damit notwendigen Neubau eines sehr viel größeren Schiffshebewerks in Niederfinow drohte der Abriss des historisch einzigartigen und denkmalgeschützten Dieselkraftwerks des vorhandenen Schiffshebewerks – ein einmaliges Zeugnis einer nach wie vor funktionsfähigen dieselmotorengestützten Kraftwerkstechnik aus den 1920er Jahren. Erbaut 1926/27 als Baustromkraftwerk für den Schiffshebewerksbau war ursprünglich vorgesehen, nach Bauschluss das Kraftwerk wieder abzutragen. Nach der Inbetriebnahme des Hebewerks entschloss man sich jedoch, das Dieselkraftwerk als Notstromkraftwerk am Standort zu belassen. Bis in die 1980er Jahre lieferte das Kraftwerk zeitweise Strom in das örtliche Netz von Liepe. Nach der Stilllegung hielten engagierte Mitarbeiter des Schiffshebewerks die Anlage betriebsfähig und pflegten sie. Ihnen ist es zu verdanken, dass sie heute als herausragendes technikgeschichtliches Zeugnis erhalten ist.

Die Anlage besteht im Kern aus drei Dieselmotoren mit einem direkt gekuppelten, offenen Drehstromgenerator sowie einer direkt gekuppelten, offenen Erregermaschine. Die Motoren sind Vierzylinder-Dieselmotoren mit Vorkammerbrennsystem, wassergekühlt, stehend in Reihe mit einer Leistung von 150 PS. Sie wurden mit Druckluft angelassen. Eine Druckluftanlage zum Starten der Motoren, die aus drei Druckbehältern und einem kleinen Kompressor besteht, befindet sich ebenfalls in der Halle. Darüber hinaus wird die gesamte Maschinentechnik durch die Nebenanlagen in signifikanter Weise ergänzt: Schalttafel, Auspuffanlage, Tagesbefüllungsanlage, Laufkran etc.

Heute wird die Maschinen- und Anlagentechnik des Dieselkraftwerks im neu entstandenen Tourismus- und Informationszentrum gezeigt. Darüber hinaus ist das Vorhaben unter dem Aspekt der weiteren Abrundung der touristischen Infrastruktur am Standort Schiffshebewerk Niederfinow zu sehen. Im Kontext altes/neues Schiffshebewerk mit historischer Schleusentreppe sowie Dieselkraftwerk und Wasserverkehrsstraßentopografie Finowkanal/Oder-Havel-Kanal entstand am Standort Niederfinow ein industriekulturelles Ensemble mit herausragendem Alleinstellungsmerkmal in Europa, das über ein großes touristisches Potenzial verfügt. **Matthias Baxmann**

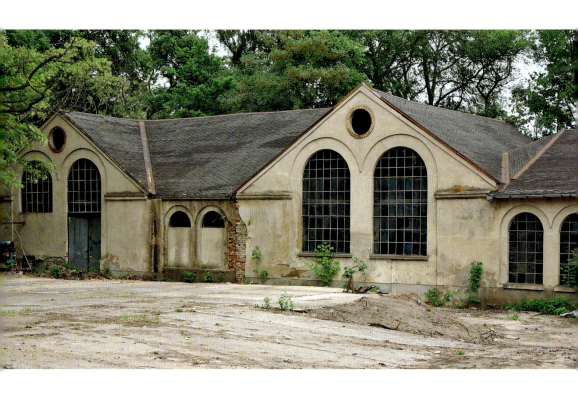

Die Denkmale der Metallverarbeitung in Eberswalde – Das Kupferwalzwerk

Britzer Straße, 16225 Eberswalde

Die Kupferproduktion und -verarbeitung in Eberswalde reicht bis in das 16. Jahrhundert zurück. Kurfürst Joachim Friedrich erwarb 1603 den im Besitz der Stadt Eberswalde befindlichen Kupferhammer auf dem Kienwerder und ließ ihn in den heutigen Stadtteil Kupferhammer verlegen – einem Areal am Finowkanal. Dadurch wurde eine industriepolitische Entscheidung getroffen, die gemeinsam mit dem Bau des Finowkanals und der Eisenspalterei dazu führte, dass sich in der Region der heutigen Stadt Eberswalde das frühindustrielle Herz Brandenburg-Preußens entfalten konnte. Die wasserbaulichen Anlagen des Finowkanals wurden durch einen Stauteich und Betriebsgräben ergänzt. Zudem entstanden ein Hüttengebäude mit zwei Hammerwerken, ein Schmelzfeuer und einige Wohnhäuser für die Hüttenbeamten und Arbeiter. Ab 1816 modernisierte der preußische Staat das Hüttenwerk, das eines der bedeutendsten Zeugnisse der frühindustriellen Architektur in Brandenburg ist. Das alte Hüttenwerk wurde nach Norden hin erweitert und nach englischem Vorbild mit dem neuesten Stand der Technik ausgestattet. Der bereits zehn Jahre zuvor mit Industriebauten in Schlesien zu hohem Ansehen gelangte Baumeister Johann Friedrich Wedding lieferte vermutlich den architektonischen Entwurf und ließ sich bei dem mit zwei Giebeln und großen Rundbogenfenstern gestalteten Hauptgebäude von modernen Hütten- und Walzwerken in England anregen. 1827 verzeichnete die Gebäudeinventarliste die Großbauten Walzwerk, Hammerwerk, Hüttenamt, eine Ziegelei, zwei Magazine sowie Beamten- und Arbeiterhäuser für insgesamt 25 Familien. 1867 wurde der Betrieb privatisiert und in den 1920er Jahren in ein Silberwalzwerk umfunktioniert. Nach dem Zweiten Weltkrieg konnte nach erfolgter Enteignung die Produktion nicht wieder aufgenommen werden. Der Baubestand verwahrloste zunehmend.

In unmittelbarer Nachbarschaft des Walzwerks haben sich drei Wohnhäuser erhalten, die 1818, 1830 und 1833 für Arbeiterfamilien erbaut wurden.

Die Eisenspalterei in Eberswalde

Am Alten Walzwerk 1, 16227 Eberswalde
www.familiengarten-eberswalde.de

TIPP

Im Bereich des „Familiengartens" befindet sich der Montagekran „Eber" mit Aussichtsplattform. Der 1954 erbaute 56 Meter hohe Kran erinnert an den auf Hafen- und Werftkräne spezialisierten VEB Kranbau Eberswalde, der auf dem Gelände der Ardelt-Werke Kräne für den weltweiten Export herstellte. Die Ardelt-Werke wurden 1904 in Eberswalde gegründet, stellten Gießereiausrüstungen und Getriebe, aber auch Kräne her. Nahe dem Montagekran „Eber" ist eine Dampfspeicherlokomotive aus der chemischen Fabrik Finowtal ausgestellt. Sie erinnert an mit Dampf betriebene Werksbahnen. Von den Gebäuden der chemischen Fabrik ist das ehemalige Verwaltungsgebäude im Neorenaissancestil in der Eberswalder Straße 1 erhalten geblieben.

Im Umfeld des „Familiengartens" ist eine Hubbrücke zu besichtigen, die 1953 bis 1955 anstelle einer 1945 gesprengten Zugbrücke (1883) errichtet wurde. Diese Technik einer Schwerlast-Hubbrücke ist im Land Brandenburg nur noch in Eberswalde erhalten.

Das 1816 bis 1818 nach englischen Vorbildern errichtete Eisenwalzwerk mit seiner herausragenden Industriearchitektur geht auf eine 1698 vom Hugenotten Moise Aureillon gegründete Eisenspalterei zurück. Eisen wurde hier u. a. in einem Schneidewerk zur Weiterverarbeitung geschnitten und in Streifen gespalten. 1780 übernahm der preußische Staat das Werk und ließ es nach den Befreiungskriegen schrittweise erweitern und modernisieren. Danach zählte man am Standort 21 Bauten, u. a. drei Hüttengebäude mit insgesamt zehn Wasserrädern, fünf Magazinen und fünf Arbeiterwohnhäusern. Das alte Walzwerk ging in die Kunstgeschichte als eine der frühesten deutschen Darstellungen von Industrie in der Malerei ein (mit dem Gemälde „Walzwerk Neustadt-Eberswalde" von Carl Blechen). In der zweiten Hälfte der 1870er Jahre wurde nach einer Phase der Konsolidierung ganz in der Nähe das neue Hüttenwerk errichtet, u. a. mit einer großen stützenfreien Werkhalle, die 1997 einem Brand zum Opfer fiel. Die Halle hatte eine lichte Spannweite von 23 Metern, eine fast elf Meter lichte Innenhöhe und war 79 Meter lang. Gegenwärtig ist sie noch als ausgebrannte Gitterkonstruktion zu besichtigen. Der daneben befindliche, viereckige Schornstein stammt aus der Erbauungszeit des neuen Hüttenwerks. Erhalten ist auf dem Areal auch die so genannte „Borsighalle", eine um 1900 auf dem westlichen Betriebsgelände direkt am Kanalufer aufgestellte Halle mit Holzschalung. Sie war 1847 bis 1849 von August Borsig als Prototyp modularer, stützenfreier Werkshallen entwickelt worden.

Die Eisenspalterei war bis zur Stilllegung 1930 in Betrieb. Die Produktion des VEB Walzwerk Finow verlagerte sich während der folgenden Jahrzehnte zunehmend in das Messingwerk. Die vollständige Stilllegung erfolgte 1992. Das architektonisch anspruchsvolle Gebäude der Eisenspalterei wurde im Rahmen der Landesgartenschau 2002 saniert. Es dient heute als Stadthalle. Die Werkshallen des „Neuen Walzwerks" von 1897 wurden saniert und sind heute Teil des als „Familiengarten" zugänglichen Parks. Das große Schwungrad einer Dampfmaschine erinnert an die frühere industrielle Nutzung. Zu den touristischen Attraktionen zählen das Restaurant „Walzwerk" sowie die Möglichkeit, mit einem Tretboot durch die unterirdischen Betriebs- und Freigräben zu fahren.

Die Werkssiedlung und der Wasserturm des Messingwerks in Eberswalde

Erich-Steinfurth-Straße, 16227 Eberswalde
www.wasserturm-finow.de

TIPP

Südlich des Werkssiedlungsareals ist der am Finowkanal gelegene Messingwerkhafen mit einer imposanten Wehranlage und der so genannten „Teufelsbrücke" zu sehen, einer eisernen Treidelwegbrücke, die vormals Teil der alten Berliner Weidendammbrücke war.

1696/97 entstand nahe dem Dorf Heegermühle unter staatlicher Regie das erste Messingwerk Brandenburgs, das Poteriewaren, Draht, Beschläge, Glocken, Nägel und Knöpfe produzierte. Dieses Werk wurde 1721 bis 1725 an seinen endgültigen Standort verlegt. Von diesem Werk sind lediglich zwei Fachwerkhäuser von 1721 und 1729 erhalten geblieben. Erhalten ist auch das 1736 errichtete „Officiantenhaus" mit Beamtenwohnungen, Kontor und Magazin, in dem ab 1786 das Königliche Hüttenamt untergebracht war. Diese drei Gebäude sind die ältesten Zeugnisse der Eberswalder Industriegeschichte. Das Messingwerk wurde 1863 durch den Verkauf an die Halberstädter Firma Aron Hirsch & Sohn privatisiert. Die Firma stieg während des Deutsch-Französischen Krieges 1870/71 in die Rüstungsproduktion (Munitionszünder, Geschosshülsen etc.) ein. Aron Hirsch & Sohn entwickelte sich mit der Fertigstellung des Neuwerks in den 1920er Jahren zur modernsten und leistungsfähigsten Messingfabrik Europas. In Folge der Weltwirtschaftskrise musste die Firma 1932 verkauft werden. Nach mehreren Zwischenverkäufen übernahm 1942 die AEG das Werk. 1945/46 ließ die Sowjetunion sämtliche Ausrüstungen demontieren und die Gebäude abreißen. 1952 bis 1955 entstand an dem Ort das seinerzeit modernste Warmbandwalzwerk der DDR. Ein Kaltwalzwerk und ein Rohrwerk folgten. Nach 1990 wurde nur noch ein Teilbereich des Areals gewerblich genutzt.

Aus der Zeit von Aron Hirsch & Sohn sind noch zahlreiche Arbeiterwohnhäuser erhalten, die ab 1916/17 nach Plänen der mit dem Siedlungsbau in Berlin zur Zeit der Weimarer Republik bekannt gewordenen Architekten Mebes und Emmerich erbaut wurden.

Die Werkssiedlung wurde Anfang der 1930er Jahre durch den Bau von acht Musterhäusern mit neuartigen Kupferblechverkleidungen erweitert. In der Altenhofer Straße sind noch einige 1931/32 errichtete Häuser erhalten. Das Haus in der Altenhofer Straße 2 wurde von Walter Gropius entworfen.

Ein markantes Wahrzeichen des ab 1917 errichteten Neuwerks ist der von Paul Mebes entworfene 48 Meter hohe Wasserturm. Er ist 1918 eingeweiht worden und diente zur Wasserversorgung der Siedlung und des Messingwerks. Der Betrieb wurde jedoch vor mehr als 40 Jahren eingestellt. Seine vierjährige, durch Spenden finanzierte Sanierung wurde 2007 abgeschlossen.

Die Hufnagelfabrik in Eberswalde
Kupferhammerweg 6/7, 16225 Eberswalde
leer stehend

Grundlage dieser Fabrik war eine 1868 von Julius Moeller und Clemens Schreiber in Berlin entwickelte Maschine zur industriellen Fertigung von Hufnägeln. Zur Großproduktion wurde ab 1871 in Eberswalde diese auf europäischem Festland erste Fabrik zur maschinellen Produktion von bislang ausschließlich manuell geschmiedeten Hufnägeln aufgebaut. 1926 wurde das Werk still gelegt und von der Reichsbahn, später von der Wehrmacht, als Baustofflager genutzt. 1947 ordnete die sowjetische Armee die Wiederaufnahme der Hufnagel-Herstellung an. Bis 1989 arbeitete hier der VEB Nagel- und Drahtziehwerk Eberswalde. An die ehemalige Hufnagelfabrik Moeller & Schreiber erinnern heute noch drei Bauten: die spätklassizistische Fabrikantenvilla von 1873, das 1882 erbaute Kesselhaus mit seinem obeliskartigen Schornstein sowie der von Borsig in Berlin hergestellte „Waggonfahrstuhl", mit dem ab 1908 durch eine elektrohydraulische Hebevorrichtung die beladenen Güterwagen vom Werksgelände zum Anschlussgleis der Staatsbahn gehoben wurden.

Die erhaltenen Gebäude verfallen zunehmend. Das Gelände nördlich des Kupferhammerwegs ist mit dem von Pflanzen überwachsenen „Waggonfahrstuhl" nur schwer zugänglich.

Die Rohrleitungsfabrik in Eberswalde
Hans-und-Hilde-Coppi-Straße 1-3, 16225 Eberswalde
Teilnutzung durch Kleingewerbe

Die Franz Seiffert & Co. AG, 1893 in Berlin-Wedding gegründet, siedelte 1898 nach Eberswalde um und errichtete in den folgenden Jahren die heute noch erhaltenen Fabrikanlagen der Rohrleitungsfabrik. Die Franz Seiffert & Co. AG gilt als erster industrieller Rohrleitungsbauer in Deutschland. Sie entwickelte neuartige nahtlose Dampfhochdruck-Rohrleitungen, die für den sicheren Betrieb von Elektrizitätswerken von grundlegender Bedeutung waren. Nach 1945 waren bis 1992 im nördlichen Werksgelände sowjetische Truppen stationiert. Im südlichen Werksteil begann schon 1946 die Wiederaufnahme der Produktion von Rohrleitungen. Ab den 1970er Jahren wurden hier vor allem Rohrleitungen für Chemie- und Kraftwerksanlagen, insbesondere Atomkraftwerke, produziert. Nach der Privatisierung in den 1990er Jahren ist nur noch ein kleiner Teilbereich des Werksgeländes in Betrieb. Im Altwerk wurde 1993 ein Gewerbezentrum errichtet. Dieses so genannte Altwerk besteht aus einer Vielzahl von Hallen und sonstigen Werksgebäuden. Die Hans-und-Hilde-Coppi-Straße wird von einer 250 Meter langen Gebäudefront gesäumt, in der sich alle Wachstumsphasen bis zum Zweiten Weltkrieg widerspiegeln. Die Fassadenteile zeichnen sich durch gelbes Sichtziegelmauerwerk, rote Rahmengliederungen und eine Folge von Schaugiebeln aus.

Die Papierfabrik Wolfswinkel in Eberswalde

Eberswalder Straße 27-31, 16227 Eberswalde
Papiermanufaktur und Museum, teilweise leer stehend

Die Papierfabrik Wolfswinkel geht auf das Jahr 1762 zurück, als eine Papiermühle errichtet wurde, die der Berliner Kaufmann und Papierhändler Johann Friedrich Nitsche ab 1812 schrittweise zu einer modernen Papierfabrik ausbaute. Die Umstellung von der handwerklichen Büttenherstellung zur industriellen Papierfabrikation erfolgte um 1834. Statt Wasserräder kamen jetzt Dampfmaschinen als Kraftquelle zum Einsatz. Die Produktionspalette wurde seitdem ständig erweitert. Im deutschen Kaiserreich begann neben der Herstellung von hochwertigem Schreib- und Postkartenpapier auch die Produktion von Geldnoten. 1917 übernahmen die Siemens-Schuckert-Werke die Fabrik und stellten vor allem Kabel- und Isolierpapiere her. Nach dem Zweiten Weltkrieg erfolgte 1946 die Neugründung als VEB Papierfabrik Wolfswinkel, der mit den noch vorhandenen Siemens-Maschinen die Produktion wieder aufnahm. Das Aus für die industrielle Papierproduktion kam 1994. Neben dem Büttengebäude, das zu bestimmten Anlässen geöffnet wird (Museums- und Denkmaltag) und in dem das Papiermuseum mit den Anlagen zur Herstellung von handgeschöpftem Büttenpapier aus der Papierfabrik Spechthausen seit 1957 seinen Sitz hat, sind noch zwei Bauten aus der Zeit der Nutzung durch Siemens erhalten geblieben: der Wasserturm und die 1928/29 erbaute Papiermaschinenhalle, eine stützenfreie Stahlbeton-Skelettkonstruktion, entworfen vom Siemens-Architekten Hans Hertlein. Die Gebäude verfallen zunehmend und sind nicht zugänglich.

TIPP

In Finowfurt präsentiert ein privates Luftfahrtmuseum 25 Flugzeuge aus der Zeit von 1945 bis 1985 sowie eine Ausstellung zur Geschichte des Flugplatzes (www.luftfahrtmuseum-finowfurt.de).

Südwestlich von Eberswalde ist bei Bernau gelegen die ehemalige Bundesschule des Allgemeinen Deutschen Gewerkschaftsbundes sehenswert. Dieses denkmalgeschützte Bauhaus-Ensemble wurde 1929/30 in Stahlbetonbauweise mit Klinkerverblendung nach Plänen von Hannes Meyer und Hans Wittwer erbaut. (www.baudenkmal-bundesschule-bernau.de).

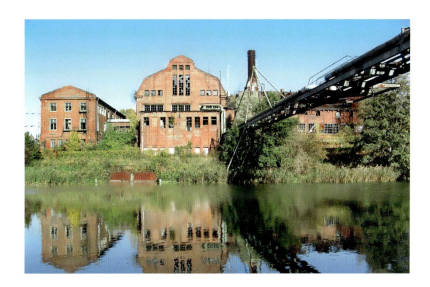

Das Kraftwerk Heegermühle in Eberswalde
Wolfswinkeler Straße, 16227 Eberswalde
leer stehend

Dieses eindrucksvolle, am Finowkanal gelegene Kraftwerk, das in den 1990er Jahren still gelegt wurde, hatte sowohl von seiner technischen als auch von der architektonischen Gestaltung Vorbildcharakter. Erstmals realisierte hier ab 1908 der Kraftwerkskonstrukteur Georg Klingenberg, Professor an der Technischen Hochschule in Berlin-Charlottenburg und AEG-Vorstandsmitglied, ein Elektrizitätswerk nach seinen Plänen. Das Werk war nach den neuesten technologischen Erkenntnissen konstruiert und galt lange Zeit als richtungsweisend im Kraftwerksbau. Klingenberg nahm eine stringente Gliederung der Funktionsbereiche vor. So war aus der Anordnung der Gebäudeteile der Weg von der Kohle zur Stromeinspeisung in das öffentliche Netz deutlich ablesbar: erst der Kohlelagerplatz, anschließend das im rechten Winkel zum Maschinenhaus angeordnete Kesselhaus mit seiner eindrucksvollen Schornsteinlandschaft, das Maschinenhaus und das Schalthaus. Die äußere Gestaltung durch den Architekten Werner Issel entsprach den Vorgaben Klingenbergs. Die mit roten Ziegeln verblendeten Fassaden sind sachlich, vor allem die Maschinenhalle durch ihre Dachform und Fensteranordnung ästhetisch anspruchsvoll und individuell gestaltet. Eine Besichtigung des Areals ist nicht möglich.

Die Baudenkmale der Stadtversorgung und Tabakverarbeitung in Schwedt/Oder

Heinersdorfer Damm 1-11, 16303 Schwedt/Oder (Wasserwerk),
Breite Straße 14, 16303 Schwedt/Oder (Tabakmuseum)
www.schwedt.eu, www.tabakmuseum-vierraden.de

Das 1908 bis 1911 erbaute Wasserwerk im Süden der Stadt ist 1997 nach historischen Plänen restauriert worden. Der Wasserturm und die drei Funktionsgebäude Brunnenhaus, Enteisungsanlage und Pumpstation wurden vom Düsseldorfer Architekt Heinrich Scheven in einer historisierenden Architektursprache gestaltet. Insbesondere der ursprünglich 45 Meter hohe Wasserturm mit besonders aufwändig gestaltetem Rundbogenportal, Fensterverzierungen im Mittelteil aus Sichtziegeln und geschmücktem Turmaufsatz zitiert einen mittelalterlichen Bergfried und ist für das Stadtbild Schwedts prägend. Das Wasserwerk war bis 1965 in Betrieb. Das Wasser wurde aus mehreren Tiefbrunnen gewonnen.

In den 1960er Jahren vollzog sich in der Stadt ein rasanter industrieller Aufschwung (vor allem durch die Petrochemie), in dessen Folge die Bevölkerungszahl erheblich wuchs. Das Wasserwerk konnte den gestiegenen Versorgungsbedarf nicht mehr erfüllen. Nach vollständiger Aufgabe des Werks 1972 und dem Einsturz der Dachkonstruktion des Turms nach einem Sturm stand der Abriss bevor. Nach 1990 wurden die Gebäude gesichert, der marode Wasserbehälter im Turm abgebaut und die Rekonstruktion in Angriff genommen. Die besonders reizvolle Nutzung des Areals als Hausbrauerei („Turmbräu") von 1995 bis 2004 konnte nicht fortgeführt werden. Jetzt nutzen ein italienisches Restaurant und ein Hotel („Turm-Hotel") die Bauten.

Schwedts traditionelle Industrie geht bis in das Jahr 1686 zurück. In dieser Zeit begründeten holländische Siedler und Hugenotten die Tradition des uckermärkischen Tabakanbaus. Ende des 18. Jahrhunderts war die Gegend rund um Schwedt mit 4.400 Hektar Anbaufläche das größte zusammenhängende Tabakanbaugebiet Deutschlands und mit drei Zigarrenmanufakturen der wichtigste Wirtschaftsfaktor in Schwedt/Oder. Bis 1944 bestimmten 78 Tabakspeicher und -scheunen das Stadtbild. Davon sind zwei Speicher in der Innenstadt erhalten geblieben und konnten einer neuen Nutzung zugeführt werden. Der so genannte Ermelerspeicher in der Lindenallee 36 wurde 1836 vom Berliner Tabakgroßhändler Wilhelm Ferdinand Ermeler errichtet. Der in Ziegelbauweise errichtete zweigeschossige, mit abgestuften Dachflächen versehene Speicher hatte eine Doppelfunktion als Speicher und Trockenschuppen. Der Funktionsbereich des Trocknens ist an den durchlaufenden Schleppgaupen am Dach ablesbar. Ursprünglich besaßen die Tabakbauern ihre eigenen, noch heute in der Umgebung von Schwedt/Oder teilweise vorhandenen Tabakscheunen, in denen der Tabak getrocknet und gelagert wurde. Mit der Industrialisierung bauten jedoch finanzkräftige Unternehmen große Speicher. Der Ermelerspeicher war in der ersten Hälfte des 19. Jahrhunderts der erste Tabakspeicher eines auswärtigen Handelshauses. 1987/88 wurde der Speicher saniert und beherbergte zunächst eine Buchhandlung und die städtische „Galerie im Ermelerspeicher". Nach einem erneuten Umbau 2005 ist er nun Sitz der Schwedter Stadtbibliothek.

Der nach dem umliegenden Gerberviertel benannte Gerberspeicher in der Gerberstraße wurde um 1880 als Rohtabakspeicher für eine sächsische Tabakfirma errichtet. Der mehrgeschossige, gelbbraune Ziegelbau ist mit einem mehrfach gegliederten Treppengiebel und Ziegelornamentik über den Fenstern gestaltet. Der Speicher diente während des Zweiten Weltkrieges teilweise als Lazarett. Nach dem Krieg gab es in dem Gebäude verschiedene Nutzungen. 1995 wurde der Speicher saniert und ist seitdem Sitz des Schwedter Kunstvereins, der hier eine Galerie betreibt.

In Schwedt/Oder gab es 1911 je zehn Tabak- und Zigarrenfabriken. Die in der Innenstadt gelegene, 1870 gegründete Fabrik der Gebrüder Dieterle in der Dr.-Theodor-Neubauer-Straße 12 ist noch erhalten, allerdings in ruinösem Zustand. Hier wurden ab den 1920er Jahren vor allem Zigaretten produziert. Auch heute werden noch auf 40 Hektar von der Uckermark Tabak GmbH 120 Tonnen Rohtabak geerntet.

In einer denkmalgeschützten Tabakscheune im Ortsteil Vierraden ist seit 1999 das Tabakmuseum Vierraden untergebracht. Es dokumentiert mit moderner Ausstellungstechnik den Tabakanbau, die -verarbeitung und den -handel in der Region.

Für die Industriekultur der Stadt Schwedt/Oder ist auch die Stadtmühle bzw. Theodor Hahns Seifenfabrik an der Ecke Bahnhofstraße/Vierradener Platz (ehemals Ecke Monplaisir-/Chausseestraße) von Bedeutung. Theodor Hahn baute hier Ende des 19. Jahrhunderts eine neue Seifenfabrik. Der Baumeister Ludwig Dihm entwarf das repräsentative, schiefergedeckte Gebäude im so genannten Heimatstil. Die Obergeschosse und Giebelfelder sind in Schaufachwerk ausgeführt. An der Südseite des Gebäudes findet sich das Wappen der Familie Hahn: ein stilisiertes Stück Seife, darüber ein rotes Sandsteinrelief mit großem Hahn; auf dem Ecktürmchen ein Wetterfähnchen. Bald danach erwarb die Märkische Reisstärkefabrik GmbH den Gebäudekomplex, die in den Jahren zwischen 1912 und 1922 hier produzierte. Anschließend wurde in den Fabrikräumen eine Mahlmühle eingebaut, die bis in die 1950er Jahre in Betrieb war. Ab 1959 gab es verschiedene Nutzungen, u. a. als HO-Verkaufsstelle, Möbellager und Sparkasse. Gegenwärtig gibt es neben verschiedenen Wohn- und Geschäftsräumen auch ein Restaurant.

1959 wurde der Grundstein zur Errichtung der modernsten und leistungsfähigsten Papierfabrik der DDR gelegt. Dieser als Schwedt Papier und Karton GmbH privatisierte Betrieb wurde 1992 von der in Bayern ansässigen Georg Leinfelder GmbH gekauft und 1999 zur LEIPA Georg Leinfelder GmbH mit Schwedt/Oder als Firmenhauptsitz fusioniert. Heute ist Schwedt/Oder mit weiteren Papiererzeugungs- und Papierverarbeitungswerken einer der größten Produktionsstandorte für Papier in Deutschland.

1960 erfolgte die Grundsteinlegung des Erdölverarbeitungswerks Schwedt. Nachdem 1963 die über 4.000 Kilometer lange Rohölleitung „Freundschaft" aus dem Ural in Betrieb genommen wurde, produzierte das Werk hauptsächlich Kraftstoffe, aber auch Acryl- und Polyesterprodukte sowie Düngemittel. Aus dem Erdölverarbeitungswerk Schwedt wurde 1970 das Petrochemische Kombinat Schwedt (PCK), heute die PCK Raffinerie GmbH, ein Gemeinschaftsunternehmen mehrerer Mineralölkonzerne mit 1.400 Mitarbeitern.

Die Alte Mälzerei in Angermünde
Prenzlauer Straße 1, 16278 Angermünde

TIPP

Im 15 Kilometer entfernten Joachimsthal ermöglicht ein unter Denkmalschutz stehender Wasserturm mit Aussichtsplattform einen Rundblick über das UNESCO Biosphärenreservat Schorfheide-Chorin.

Die Alte Mälzerei wurde für den Angermünder Brauereibesitzer Franz Pasche 1899/1900 erbaut, war jedoch nur bis Anfang der 1920er Jahre in Betrieb. Mitte der 1930er Jahre begann die Malzbierproduktion. Nach dem Zweiten Weltkrieg wurde das Gebäude als Speicher, später durch eine Getränkehandlung genutzt. Seit Anfang der 1990er Jahre steht es leer. Der viergeschossige Sichtziegelbau besteht aus zwei Teilen: nach Süden hin aus der eigentlichen Mälzerei (die beiden unteren Geschosse haben massive Decken mit gusseisernen Stützen) und nach Nordosten hin aus einem Darrenanbau mit quadratischem Grundriss sowie mit Luft- und Ventilationsschornstein. Eine Seltenheit ist die nahezu vollständig erhaltene technische Ausstattung der Darre. Sie ist als wertvolles Sachzeugnis für den technologischen Prozess der Braumalzherstellung 2004 unter Denkmalschutz gestellt worden, ebenso das Gebäude selbst als Bauzeugnis für die technisierte und zentralisierte Verarbeitung von landwirtschaftlichen Produkten.

Der Getreidespeicher und das Eisenbahnmuseum in Gramzow

Zehnebecker Straße, 17291 Gramzow (Getreidespeicher)
Am Bahnhof 3, 17291 Gramzow (Eisenbahnmuseum)
www.eisenbahnmuseumgramzow.de

TIPP

Im Agrarmuseum Wandlitz wird die Industrialisierung und Mechanisierung der Landwirtschaft dokumentiert. Unter den 7.000 Exponaten sind zahlreiche Schlepper, Lokomobile und andere landwirtschaftliche Maschinen zu sehen (Breitscheidstraße 22, 16348 Wandlitz, www.agrarmuseum-wandlitz.de).

Nordöstlich des Ortes Gramzow befindet sich ein Mitte 2008 unter Denkmalschutz gestellter Getreidespeicher. Die Größe dieses Speicherkomplexes gibt ihm den Charakter einer Landmarke. Der Komplex besteht aus einem etwa 30 Meter hohen Speichergebäude mit einem rechteckig vorangestellten, baulich verbundenen, elfgeschossigen Erschließungs- und Funktionsgebäude. Es beherbergt die Mahl-, Förder-, Verteil- und Entstaubungstechnik.

Getreidelagerung ist ein komplexer Vorgang. Vorreinigung, Trocknung, aber auch der Schutz vor Schädlingsbefall durch Begasung und Selbstentzündung müssen sichergestellt werden. Die aus der Bauzeit 1953/54 stammende, fast vollständig erhaltene Technik ist ebenso denkmalgeschützt wie das Lade- und Stichgleis, das den Speicher mit dem Bahnhof verband. Der Großspeicher von Gramzow hat eine besondere technik- und baugeschichtliche Bedeutung. Er steht für die Industrialisierung der Landwirtschaft in der DDR. Neben Traktoren- und Maschinenstationen waren Großspeicher mit ihrer modernen technischen Ausstattung für die intensive, industrialisierte Agrarwirtschaft eine unverzichtbare Voraussetzung.

Klein- und Privatbahnen hatten gerade im ländlichen Raum Brandenburgs eine große Bedeutung. Mit ihnen konnten die landwirtschaftlichen Produkte zur industriellen Verarbeitung in die Mühlen, Zucker- und Spritfabriken, Mälzereien, Brauereien und in fleischverarbeitende Betriebe bzw. über Gleisanschlüsse an die großen Bahnstrecken nach Berlin zum Verkauf gebracht werden. Das Brandenburgische Museum für Klein- und Privatbahnen Gramzow erinnert mit einer Ausstellung im 1995 geschlossenen Bahnhof an die Geschichte dieser Bahnen und bietet dem Besucher eine Vielfalt von Bahnfahrzeugen. Dampf-, Diesel- und Elektroloks, Trieb- und Beiwagen, Pack- und Kesselwagen, einen Eisenbahn-Drehkran und ein Gleismessfahrzeug können besichtigt werden. An bestimmten Tagen werden Mitfahrten auf einer Lok und Fahrten auf einer Handhebel-Draisine angeboten.

INDUSTRIEKULTUR IM LAND ZWISCHEN ODER, DAHME UND SPREE

Im östlichen Teil der Region zwischen Oder, Dahme und Spree entwickelte sich Industrie eigenständig aus der Verarbeitung von landwirtschaftlichen Produkten. Die hier als Baudenkmal beschriebene Stärke- und Zucker-Fabrik in Frankfurt/Oder steht so für achtzehn Zuckerfabriken im Oderbruch, wo durch die Verlegung der Oder, den Bau von Dämmen und Schöpfwerken für die Vorflut unter Friedrich dem Großen ausgedehnte, neue landwirtschaftliche Flächen geschaffen wurden. Mit den staatlich geförderten neuen Anbau- und Verarbeitungsformen Franz Carl Achards war Preußen in Europa führend in der Entwicklung industrieller Zuckerproduktion aus Zuckerrüben. Achard baute in Schlesien 1801 die erste Zuckerrübenfabrik der Welt, im Oderbruch ging 1837 die erste Zuckerfabrik in Betrieb. 1994 schloss mit der Fabrik Thöringswerder die letzte Produktionsstätte.

Auch die Baustoffindustrie war mit zahlreichen Ziegeleien im Oderbruch präsent. Allein in Freienwalde gab es 1900 fünf Ziegeleien mit 800 Arbeitern. Wichtig für die Industrieentwicklung war der Bahnanschluss: Ab 1866 gab es die Strecke Berlin-Freienwalde-Wriezen, 1877 kam die Nebenstrecke Wriezen-Angermünde hinzu. Ab 1912 erschloss die Oderbruch-Bahn von Wriezen aus 41 Orte.

Mit dem Aufbau der Eisen- und Stahlindustrie in Fürstenberg/Oder hatte die DDR eine Industrietradition begründet. In diesem Zuge entstand mit Eisenhüttenstadt (Stalinstadt) eine Stadt nach sozialistischen Vorstellungen. Das Eisenhüttenkombinat Ost (EKO) entwickelte sich von einem Roh-Eisenwerk mit sechs Hochöfen und einem Walzwerk zu einem bedeutenden Stahlproduzenten. Unter Denkmalschutz stehen derzeit der Hochofen 1, der weithin sichtbare Gasometer aus den 1950er Jahren und die Eingangsbereiche des Eisenhüttenkombinats Ost. In großem Umfang denkmalgeschützt sind zudem ganze Straßenzüge und Bauten der sozialistischen Modellstadt Eisenhüttenstadt.

Die Baudenkmale der Kalksteinverarbeitung in Rüdersdorf

14

Heinitzstraße 41, 15562 Rüdersdorf
www.museumspark.de

Der Museumspark in Rüdersdorf erschließt ein wichtiges Kapitel der Bau- und Industriekultur der Region. Seit 750 Jahren wird hier Kalkstein gewonnen und verarbeitet. Der Rüdersdorfer Kalkstein war neben den Ziegelsteinen aus der Umgebung der Hauptstadt als Werkstein und als Branntkalk oder zu Zement verarbeitet der wichtigste Baustoff für die Metropole Berlin. So stammen die Kalksteine für das Brandenburger Tor und später für das Olympia-Stadion in Berlin aus den Rüdersdorfer Brüchen. Wenig bekannt ist, dass auch die frühneuzeitlichen Eisenhütten in Peitz (Niederlausitz) oder in Hohenofen bei Neustadt/Dosse den für die Verhüttung von Raseneisenstein notwendigen Kalkstein aus Rüdersdorf bezogen.

Der Museumspark veranschaulicht die Produktionsabläufe der Kalkindustrie und gibt einen Einblick in die Lebensverhältnisse der dort beschäftigten Arbeiter. Die Hauptstraße des Ortsteils Kalkberge, dem Produktions- und Verwaltungszentrum des Rüdersdorfer Kalktagebaus, hat die Funktion einer zentralen Achse des Museumsparks. Wie an einer Perlenschnur reihen sich hier bedeutende Industriedenkmale aneinander. Gleich am Eingang des Parks befinden sich Kammer- und Rumford-Öfen, die in Rüdersdorf bis 1874 produzierten. Zum Komplex gehören auch die integrierten Wohnanlagen sowie eine Förderbrücke mit einem beeindruckenden Bohlenbinderdach sowie das Magazingebäude.

Die von Benjamin Thompsen Rumford entwickelte Brenntechnologie stand am Anfang der industriellen Herstellung von Branntkalk. Die zwei Schachtöfen wirkten wie mittelalterliche Wachtürme, ermöglichten aber durch ihren ununterbrochenen Betrieb unter Verwendung von billigem Torf eine wesentlich effektivere Verarbeitung als Kammeröfen, in denen nur diskontinuierlich produziert werden konnte. Darüber hinaus boten Rumford-Öfen mit getrennten Kammern für Kalk und Brennstoff die Gewähr, dass der Branntkalk nicht durch Kohlerückstände verunreinigt wurde.

Die „Industrielle Revolution" und das Metropolenwachstum Berlins verlangten ab der Mitte des 19. Jahrhundert nach deutlichen Produktionssteigerungen, die mit der bisherigen Anlage nicht erreichbar waren. Deshalb entstand in den 1870er Jahren eine gewaltige Schachtofenanlage, die zunächst 18 Brennöfen Rumford'scher Bauart umfasste. Heute ist die Schachtofenbatterie ein einzigartiges industriekulturelles Zeugnis, das jeden Besucher beeindruckt. Von Interesse sind auch die Reste der Kanalbauten, mit denen die Rüdersdorfer Steinbrüche mit dem Wasserstraßennetz der Havel und der Spree verbunden waren. An die inzwischen meist zugeschütteten Kanäle erinnern noch die Tunnel und deren Eingangsportale. Sie sind künstlerisch anspruchsvoll mit Kalksteinen gestaltet.

Die in unmittelbarer Nähe zur Brennofenbatterie errichtete Kalkarbeitersiedlung entstand ab 1840. Die einfachen zweigeschossigen Wohnhäuser vermitteln einen Eindruck von den Lebensverhältnissen der Industriearbeiter.

Beim Besuch des Museumsparks sind nach Voranmeldung Spaziergänge und Fahrten in der Tagebausohle möglich. Im „Haus der Steine" werden die Geologie und die Naturräume des Kalkabbaugebietes dokumentiert.

TIPP

Exemplarisch für die in den 1950er Jahren in der DDR gebauten Kulturhäuser steht in Rüdersdorf das prachtvoll mit Säulenportal gestaltete „Martin Andersen Nexö Haus" am Kalkberger Platz 31. Auch die Innengestaltung ist im Stil der Zeit künstlerisch geprägt.

Rumford-Ofen im
Museumspark Rüdersdorf

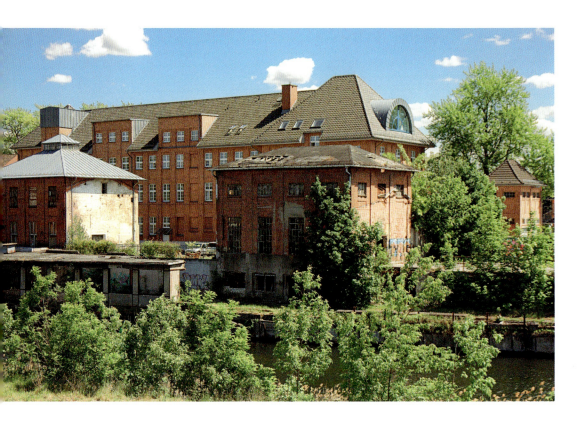

Die Bakelite-Fabrik in Erkner

Flakenstraße 28-31, 15537 Erkner
Institut für Regionalentwicklung und Strukturplanung (IRS)

Die 1921 fertig gestellten Backsteinbauten der ehemaligen Bakelite GmbH waren sachlich-funktionell gehalten, bestanden aus einem dreigeschossigen Hauptgebäude und einem flachen Fabriktrakt. An der mit einem Rundbogen gestalteten Toreinfahrt befand sich ein Pförtner- bzw. Torhäuschen. Nach Stilllegung der Fabrik 1956 sind die Gebäude für die Nutzung durch das Institut für anorganische Chemie der Akademie der Wissenschaften umgebaut worden. Nach 1990 erfolgte eine gründliche Sanierung. Seit 1995 ist das Institut für Regionalentwicklung und Strukturplanung (IRS) (Mitglied der Leibniz-Gemeinschaft) ansässig.

Die Bakelite-Fabrik ist von besonderer industriegeschichtlicher Bedeutung, da hier Industrie- und Technikgeschichte auf dem Gebiet der Kunststoffproduktion geschrieben wurde. Bakelite ist ein duroplastischer Kunststoff auf der Basis von Phenolharz. Der hitzestabile Phenoplast-Werkstoff war der weltweit erste industriell produzierte Kunststoff. Bakelite-Formteile werden durch das Formpressen und Aushärten eines Phenolharz/Füllstoff-Gemisches in einer beheizten Form hergestellt.

Vor allem nach dem Ersten Weltkrieg begann schrittweise der Siegeszug von Kunststoffen in der Industrie. Leo Hendrik Baekeland, ein belgischer Chemiker, entdeckte den Kunststoff 1907. Baekeland gründete am 25. Mai 1909 gemeinsam mit den von Julius Rütgers gegründeten RÜTGERS-Werken die Bakelite Gesellschaft mbH in Erkner. Grundlage der Produktion war Phenol, das in großen Mengen als Abfallprodukt der Steinkohledestillation verfügbar war. Von Erkner aus trat der neue Kunststoff seinen Siegeszug in Deutschland und darüber hinaus an. In den 1930er Jahren gab es allein in Deutschland bereits hunderte Presswerke und Hersteller von Bakelite-Artikeln. Die Produktionspalette umfasste u. a. Haushalts- und Küchengegenstände, Telefone, Modeschmuck, Waffenbeschläge, Büroartikel, Lichtschalter- und Steckdosengehäuse. Die Produktion von Phenolschaumharze u. a. für die Gießerei-, Glas-, Mineralwoll- und Holzverarbeitungsindustrie wurde in der DDR in Erkner im Plasta-Werk fortgeführt, das nach 1990 zu einem Zweigwerk der finnischen Chemiefirma Dynea wurde, die an dem in den 1930er Jahren gebauten Standort in der Berliner Straße tätig ist.

Die Lokomotivfabrik Schwartzkopff in Wildau

Bahnhofstraße 1, 15745 Wildau
www.schwartzkopff-wildau.de
Fachhochschule, diverse Handels- und Produktionsbetriebe

Die Stadt Wildau gehört zu den bedeutendsten Industriestandorten des Landes Brandenburg. Ursprünglich von Fischern gegründet und besiedelt, erfuhr der Ort Ende des 19. Jahrhunderts eine ungeahnte Prosperität. Die Firma Schwartzkopff (später Berliner Maschinenbau AG) baute hier ab 1897 eine Lokomotivfabrik und Werkssiedlung. Der Firmengründer Louis Schwartzkopff lernte bei August Borsig und baute im Zentrum der Berliner Schwerindustrie in der Chausseestraße eine eigene Fabrik auf, die im Zuge der industriellen Randwanderung in die Weddinger Ackerstraße expandierte. Selbst hier waren die Expansionsmöglichkeiten begrenzt und Schwartzkopff suchte nach einer Standortalternative im Berliner Umland. So gelangte er nach Wildau. Er erwarb ein 60 Hektar großes Gelände und ließ in nur zweijähriger Bauzeit einen Fabrikkomplex nach modernsten produktionstechnischen und sozialen Maßstäben errichten. Die Anordnung der Fabrikhallen mit rotem Klinkerverblendmauerwerk im Stil märkischer Backsteingotik entsprach dem technologischen Produktionsablauf für die Herstellung von Lokomotiven. Die Kapazität lag bei 700 Lokomotiven pro Jahr, überwiegend Spezialloks wie Bergwerksbahnen oder legendäre Schnellzuglokomotiven, die häufig in den Export gingen. Die Berliner Maschinenbau AG stellte neben Lokomotiven auch Spezialdruckmaschinen, Schiffsausstattungen und ab 1913 Torpedos her. Vor und während des Zweiten Weltkrieges wurden hier zahlreiche Rüstungsgüter produziert.

Nur von der Bahnlinie getrennt liegt in unmittelbarer Nachbarschaft des Fabrikgeländes die heute denkmalgeschützte Werkssiedlung. Sie war nach dem Prinzip einer Gartenstadt konzipiert. Siedlung und Werk hatten ein eigenes Wasserwerk mit Reinigungsanlage, das Trink- und Brauchwasser zur Verfügung stellte. Auch Strom und Sauerstoff für die Schweißarbeiten wurden selbst produziert, der Sauerstoff zudem zur Produktion alkoholfreier Getränke verwandt. Die Werkssiedlung mit ca. 100 Gebäuden und 981 Wohneinheiten wird derzeit saniert.

Alle wichtigen Werkshallen sind nach wie vor erhalten geblieben. Im Krieg wurde lediglich das Verwaltungsgebäude zerstört. Die vollständige Demontage der technischen Einrichtungen und einer in den 1920er Jahren neu errichteten Montagehalle bedeuteten nach 1945 das Ende des Lokomotivbaus. In den 1950er Jahren begann die Wiederaufnahme des Schwermaschinenbaus. Noch heute produzieren in mehreren Werkshallen die Wildauer Schmiedewerke GmbH und die Gröditzer Kurbelwelle Wildau GmbH. Weitere Werkshallen werden von zahlreichen Firmen aus unterschiedlichen Branchen genutzt. Die Technische Fachhochschule Wildau, mit 3.500 Studenten die größte Fachhochschule in Brandenburg, ist seit 1991 in einem Teil des ehemaligen Werksgeländes angesiedelt. Sie steht in der Tradition der an diesem Standort 1949 gegründeten Betriebsfachschule.

Mehrere Werkshallen der Schwartzkopff-Fabrik wurden für die Hochschulnutzung vorbildlich umgebaut. Durch eine Haus-in-Haus-Lösung entstand ein Hörsaal mit 300 Plätzen, eine der Werkshallen wurde zur Mensa und Bibliothek umgestaltet.

Das Sender- und Funktechnikmuseum in Königs Wusterhausen

Funkerberg Haus 1, 15711 Königs Wusterhausen
www.funkerberg.de

TIPP

In unmittelbarer Nachbarschaft steht ein architektonisch anspruchsvoll gestalteter Wasserturm, von dessen Aussichtsplattform ein eindrucksvoller Blick auf die Sendeanlagen und die ehemalige Funkerkaserne möglich ist.

Die ersten Gebäude der ab 1913 geplanten Heeres-Großfunkstelle wurden 1916 fertig gestellt. Der in dieser Gründungsphase des Senders entstandene monumentale Baukomplex aus Sendehaus mit Maschinensaal zur Stromversorgung und Verwaltungsgebäude wurde 1924/25 von der Deutschen Reichspost für ihre Hauptfunkstelle mit den Sendehäusern 2 und 3 ergänzt. Weithin sichtbares Wahrzeichen des Funkerbergs ist der 210 Meter hohe Antennenmast, ein letzter Zeuge des früher 22 Antennenmasten umfassenden Sendekomplexes.

Am 22. Dezember 1920 wurde von hier aus erstmals ein Konzert drahtlos übertragen. Seither gilt der Funkerberg in Königs Wusterhausen als Wiege des deutschen Rundfunks. Die Sender dienten zunächst vor allem dem Telegrafenverkehr, dem Presse- und Wirtschaftsrundfunkdienst und erst ab 1926 als „Deutschlandsender I" dem allgemein zugänglichen Rundfunkprogramm. Nach dem Zweiten Weltkrieg wurden von hier die ersten Rundfunksendungen wieder aufgenommen. Die DDR betrieb in Königs Wusterhausen ihren Auslandssender „Radio Berlin International". Nach der Wende 1989 wurden bis 1995 sämtliche Sender abgestellt.

Wegen der herausragenden geschichtlichen Bedeutung stehen fast alle Gebäude und funktechnischen Anlagen auf dem Areal des Funkamtes unter Denkmalschutz. Im ehemaligen Sendehaus 1 ist das Sender- und Funktechnikmuseum untergebracht. Hier können kommunikationstechnische Anlagen aus 80 Jahren besichtigt werden. Auch die Entwicklung der Elektronenröhre, die Grundlage jeder Rundfunktechnik, wird dokumentiert. Nachdem die Zukunft des Museums einige Zeit unsicher war, ist nach der Übernahme des Geländes durch die Stadt Königs Wusterhausen im Jahr 2006 der weitere Betrieb und Ausbau des Museums sicher gestellt.

Der Wasserturm in Niederlehme

Karl-Marx-Straße 31, 15751 Königs Wusterhausen OT Niederlehme

TIPP

Im westlich von Königs Wusterhausen gelegenen Mittenwalde OT Schenkendorf erinnert in der Dorfstraße eine Zechensiedlung an den hier ab 1877 erfolgten Braunkohleabbau.

Gut sichtbar vom Autobahn-Stadtring A 10 ist der Wasserturm in Niederlehme. Die prägnante neoromanische Gestaltung nach dem Vorbild des Galata-Turms in Istanbul zeichnet sich durch seine Gliederung aus: Der dreigeschossige Turmschaft hat sparsame Fensteröffnungen und ein umlaufendes Gesimsband. Ein Mittelgeschoss weist große Bogenfenster mit tiefen Leibungen aus, das gleichfalls mit Bogenfenstern versehene Abschlussgeschoss wird mit einem Austrittsbalkon und einer doppelstöckigen, achteckigen Laterne gekrönt.

Der Turm mit einem Durchmesser von 8,50 Metern und einer Höhe von 27 Metern wurde 1902 auf Veranlassung von Robert Guthmann, dem Besitzer des nahe gelegenen Kalksandsteinwerks, ausschließlich unter Verwendung von Kalksteinen erbaut. Er erinnert an die Bedeutung der über 100-jährigen Kalksteinproduktion in Niederlehme. Niederlehme ist einer der ältesten Kalksandstein-Produktionsstandorte in Deutschland.

Als Wasserturm ist der Turm seit 1965 außer Funktion. Das Kalksandsteinwerk wurde ebenso wie der Wasserturm 1990 an den Haniel-Konzern verkauft. Seit 1999 ist ein Berliner Makler der Besitzer. Der Heimatverein Niederlehme setzt sich für die Öffnung des Turms ein und veranstaltet seit September 2007 alljährlich ein „Wasserturmfest".

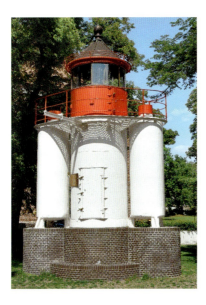

Die Industrietraditionen in Fürstenwalde

Domplatz 7, 15517 Fürstenwalde
www.kulturfabrik-fuerstenwalde.de

Fürstenwalde an der Spree war sowohl eine bedeutende Garnisonsstadt als auch eine ansehnliche Industriestadt. Dabei stand die Verarbeitung landwirtschaftlicher Produkte im Vordergrund. Die Gebäude des durch industrielle Nutzung stark überformten Areals des ehemaligen Werksgeländes der Julius Pintsch AG, später VEB Gaselan und VEB Chemie- und Tankanlagenbau, zeugen von der großindustriellen Tradition Fürstenwaldes und einem bedeutenden Pionier der deutschen Industrie- und Technikgeschichte – Julius Pintsch. Er gründete 1843 am Stralauer Platz in Berlin eine Reparaturwerkstatt für Gasbeleuchtungen, die sich in der Stadt, aber auch in den Haushalten, Betrieben und Fahrzeugen immer mehr ausbreiteten. Hinzu kamen bald Gasleuchtkörper und Gaszähler, später auch Signalbojen, Minen und Torpedos.

Ab 1872 verlagerte das Unternehmen große Teile der Produktion in das neu gegründete Zweigwerk Fürstenwalde. Entscheidend für die Wahl Fürstenwaldes war die schon seit 1842 bestehende Eisenbahnverbindung nach Berlin, die Anbindung an das Wasserstraßennetz und ein Grundstück, das entsprechende Firmenexpansionen erlaubte.

1890 wurde in Fürstenwalde die Produktion von Glühlampen aufgenommen. Jährlich sind hier bis zu 1,5 Millionen Kohlefaden-Glühbirnen produziert worden. Pintsch wurde nach Osram der zweitgrößte Glühlampenproduzent Deutschlands. Die 1907 als Aktiengesellschaft geführte, aber weiterhin bis auf einen kleinen Anteil der Deutschen Bank von den vier Söhnen Julius Pintschs beherrschte Julius Pintsch AG hatte Zweigfabriken in New York, St. Petersburg, Wien und Utrecht. 1924 fusionierte die Julius Pintsch AG mit der Bamag Meguin AG. Noch heute stellt die PINTSCH BAMAG Antriebs- und Verkehrstechnik GmbH mit Sitz in Dinslaken Eisenbahnsignaltechnik und Seezeichen her.

Auf dem alten Industrieareal sind noch die Reste eines Leuchtturms zu sehen, der neben seiner repräsentativen Funktion auch zur Erprobung der Firmenprodukte diente. Auffällig sind die Rundbauten. Sie dienten als Gasbehälter. 1937 entstand an der Spree zur Verschiffung der zunehmend das Produktprogramm bestimmenden Großanlagen ein eigener Werkshafen. Die Firma wurde vor und während des Zweiten Weltkrieges stark in die Rüstungsproduktion einbezogen. Sie stellte vor allem Torpedos und Seeminen her. 1944 waren 11.000 Menschen bei Pintsch in Fürstenwalde beschäftigt, darunter 3.000 Zwangsarbeiter. Nach der Enteignung, Demontage und der Sprengung von 75 Prozent der weitgehend unbeschädigten Gebäude sowie der Hafenanlage wurden ab 1948 im VEB Gaselan wieder Gasleuchten und -zähler produziert. Nach 1990 wurde das Gelände zum „Industrie- und Gewerbegebiet Pintsch" entwickelt. Etwa 60 Firmen mit ca. 1.500 Mitarbeitern sind hier inzwischen tätig. Neben Gasmess- und Regeltechnik werden auch Windenergieanlagen hergestellt.

Das in Fürstenwalde im Mai 2007 nach völliger Neukonzeption wiedereröffnete Museum in der restaurierten ehemaligen Domschule zeigt zahlreiche Dokumente zur Industriegeschichte der Stadt mit Bezügen zur Firmengeschichte der Julius Pintsch AG. Der 2006 vor dem Museum aufgestellte Leuchtturm wurde 1909 bei Pintsch hergestellt. Er war von 1910 bis 1983 auf Hiddensee in Funktion. Neben dem Leuchtturm ist ein mit Schmuckkacheln verkleidetes Taubenhaus zu sehen. Es erinnert an die Fürstenwalder Kunsttöpferei, ehemals eine der größten Ofenkachelfabriken Deutschlands. Das dem Museum benachbarte Gebäude, eine in das Mittelalter zurückreichende Burganlage und ehemaliger Bischoffssitz, war ab 1858 Brauerei und Mälzerei und diente 1922 bis 1927 der Margarinefabrik „Rotella". Nach langer Nutzung als Lagerhaus ist es vorbildlich saniert worden und jetzt das Kulturzentrum „Kulturfabrik Fürstenwalde".

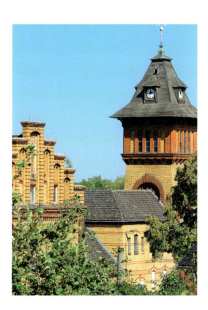

Die Denkmale der Stadtversorgung in Frankfurt/Oder

Die Stadt Frankfurt/Oder ist Brandenburgs viertgrößte Stadt. Sie besitzt als 750 Jahre alte Handelsstadt trotz der verheerenden Zerstörungen in der Endphase des Zweiten Weltkrieges einen reichen Denkmalbestand. Neben herausragenden Kirchenbauten, Kasernen, Wohnanlagen und Villen sind als Denkmale der Industriekultur auch Fabrikanlagen sowie im Zuge der Industrialisierung entstandene Infrastruktur- und Versorgungseinrichtungen erhalten geblieben. Der Warenverkehr und Handel an der Oder machten Frankfurt zu einer wohlhabenden Stadt. Mit den ab Mitte des 19. Jahrhunderts erfolgten Eisenbahnanschlüssen nach Berlin und Schlesien kam es zur Gründung von zahlreichen Industriebetrieben. Die Krupp-Dampflokomotive von 1934 am Bahnhof und die Krananlagen auf dem Güterbahnhof erinnern noch heute an die Bedeutung des verkehrsreichen Eisenbahnknotens in Frankfurt/Oder. In der Nähe des Bahnhofs siedelten sich die Maschinenfabrik Joachimsthal und die Maschinenbauanstalt Marggraff und Meissner an.

Auf einem Areal, das zuvor für den Gartenbau genutzt wurde, entstand in der Nähe des Winterhafens an der heutigen Herbert-Jentsch-Straße das Frankfurter Industrieviertel mit u. a. zwei Zuckerfabriken, einer Ofen- und Tonwarenfabrik sowie einer Brauerei.

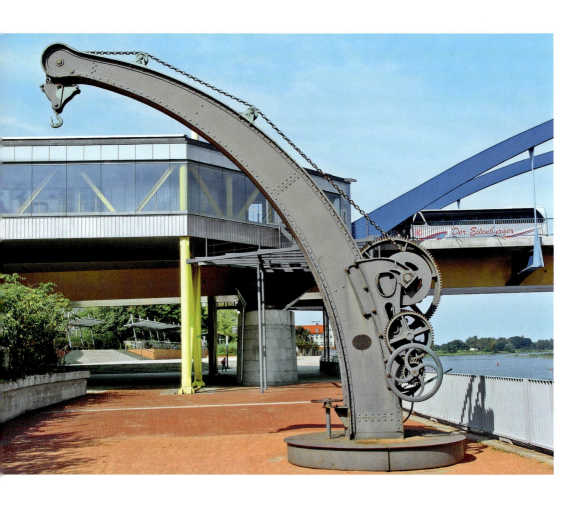

Der Hafenkran und Güterbahnhofskräne in Frankfurt/Oder

In Frankfurt/Oder erinnert ein um 1860 hergestellter und 1994 restaurierter Hafenkran an die wichtige Rolle des Oder-Verkehrs für den Handel und das Gewerbe der Stadt. Er ist der älteste in Brandenburg erhaltene Ladekran. Bei der Restaurierung wurde das drehbare Unterwerk unter weitgehender Bewahrung des Originals historisch getreu erneuert. Der Aufzugshaken kann mittels Räderwerk an einer Kette bewegt werden. Weithin zeugen Schienen, ein Kranfahrzeug, das ehemalige Hafenmeisterhaus sowie das Hafenbecken von der Hafentradition.

Auf dem historischen Ortsgüterbahnhof in der August-Bebel-Straße finden sich heute noch zwei wichtige Zeugnisse der Verkehrs- und Technikgeschichte der Stadt Frankfurt/Oder. Es handelt sich um einen eisernen Schwenkarmkran von 1870, im Volksmund „Krummer Kran" genannt, und einen im Jahr 1898 als Bockkran gebauten Portalkran. Der Schwenkarmkran war über 100 Jahre in Betrieb. Er wurde überwiegend zum Um- und Zurechtladen von Gütern genutzt. 1975 erfolgte die endgültige Stilllegung. Aufgestellt ist der Kran auf einem Drehkranz, der in einem Ziegelmauerwerkssockel eingebettet ist. Der stark gebogene Schwenkarm ist genietet. Ursprünglich wurde er ausschließlich per Hand bedient. Die Kraftübertragung erfolgte über eine ineinander greifende Zahnradkonstruktion, die durch Handkurbeln in Bewegung gesetzt wurde. Später wurde der Kran zum Heben und Senken elektrisch eingerichtet. Geschwenkt wurde er bis zum Schluss ausschließlich per Hand.

Den Portalkran lieferte 1898 die Firma Becker, Berlin. Der Kran war zunächst für den Handbetrieb ausgelegt und wurde später auf elektrischen Betrieb umgerüstet. Das Portal des Krans ist in einer Fachwerkrahmenbauweise ausgeführt. Durch seine Bauart war der Kran in der Lage, sehr große Lasten zu heben. Die Kranbrücke ragt über die Stützen hinaus, weshalb kein Gegengewicht notwendig ist. Der Kran ist als Bockkran verwendet worden.

Die beiden Kräne sind bedeutsame Zeugnisse der Industrie- und Technikgeschichte, die in dieser Form in Deutschland nur noch selten anzutreffen sind. Sie dokumentieren in anschaulicher Weise die wachsende Bedeutung des Eisenbahnknotens Frankfurt/Oder in der Zeit der Hochindustrialisierung in Deutschland. **Matthias Baxmann**

Das Pumpwerk in Frankfurt/Oder

Klingestraße 5, 15230 Frankfurt/Oder
teilweise leer stehend

Das Pumpwerk wurde 1907 mit der Kanalisierung und Überbauung des Klingegrabens notwendig. Das von 1908 bis 1910 in der Klingestraße 5 in unmittelbarer Nähe der Oder errichtete Betriebsgebäude mit Maschinistenwohnung, ein zweigeschossiges Gebäude mit drei großen Eisensprossenfenstern im Erdgeschoss und Schmuckfachwerk-Obergeschoss, dient als Pumpstation zur Vermeidung des Rückflusses aus der Oder bei hohen Pegelständen. Zentral im Gebäude befindet sich auf zwei Ebenen ein großer Pumpenraum. Die drei durch Transmissionsriemen angetriebenen Pumpen wurden 1910 hergestellt und sind heute noch betriebsbereit.

Das Gaswerk in Frankfurt/Oder

Am Graben 4-6, 15230 Frankfurt/Oder
leer stehend

Vom 1857/58 für die Deutsche Continental-Gasgesellschaft fertig gestellten Gaswerk am Graben (nach dem äußeren Graben der mittelalterlichen Stadtbefestigung benannt) sind der Gasometer, das Retorten- und Maschinenhaus, ein zweigeschossiger roter Ziegelbau mit flachem Satteldach und Rundbogenfenstern sowie ein Reinigungsgebäude mit Schornstein erhalten. Der 1871 erbaute Gasometer ist einer der ältesten in Deutschland. In diesem Gebäude wurde das Gas unter einer Glocke gespeichert, die zur Abdichtung in ein Wasserbecken getaucht war. Das Gebäude besticht durch seine architektonische Qualität: ein Sichtziegelbau mit zwölfeckigem Grundriss. Jeder Wandabschnitt ist durch zweifach gestufte Wandvorlagen eingefasst. Kleine Rundbogenfenster mit Eisensprossen gliedern die Wandabschnitte. Der Horizontalabschluss ist mit einem kunstvollen Zahnfries gestaltet. Der achteckige Schornstein mit eisernem Stützgerüst aus Puddeleisen ist vermutlich der älteste erhaltene Fabrikschornstein im Land Brandenburg.

Im Rahmen der von 2005 bis 2007 erfolgten Sanierung wurde der Pflanzenbewuchs entfernt und die noch erhaltene, jedoch stark beschädigte Technik ausgebaut.

24 Das Wasserwerk in Frankfurt/Oder

Buschmühlenweg 171, 15230 Frankfurt/Oder
Werkstätten

TIPP

Ein weiteres wichtiges Zeugnis für den Aufbau der modernen Wasserversorgung ist der älteste Wasserturm Frankfurts im Süden der Stadt. Der am Mühlenweg 48 gelegene gelbfarbene Ziegelturm mit einem durch Lisenen und Rundbogenfenster gegliederten Turmschaft sowie einem Rautengitternetz aus roten Ziegeln wird seit 1972 als Schulsternwarte genutzt. Ein weiterer, 1904 als Höchstdruckreservoir erbauter Wasserturm ist in der Robert-Havemann-Straße 15 erhalten, ein weiteres Zeugnis der qualitätsvollen Industriearchitektur der Jahrhundertwende.

Das 1872 bis 1874 mit englischer Technik und Kapitalbeteiligung erbaute Wasserwerk ist ein wichtiges Zeugnis städtischer Infrastruktur während der Zeit der Industrialisierung im 19. Jahrhundert. Aus der ersten Bauphase ist das Maschinenhaus mit Schornstein erhalten. Der Sichtziegelbau mit Satteldach wirkt zweigeschossig. Charakteristisch für die Entstehungszeit sind die Rundbogenfenster. Der mit gelben Ziegeln erbaute Schornstein wird mit roten Ziegelbändern akzentuiert. 1921 wurde das Wasserwerk von der Stadt übernommen, 1927 die Aufbereitung von Oderwasserfiltrat durch Tiefbrunnenförderung ersetzt. 1925/26 erfolgte die Errichtung des Enteisenungsgebäudes, ein achtachsiger eingeschossiger Sichtziegelbau mit hohem, durchfenstertem Sockelgeschoss und Walmdach, ergänzt durch ein rundes Pumpenhaus. Die Stilllegung des Wasserwerks erfolgte 1997. Die Gebäude wurden saniert und sind heute Teil der Frankfurter Wasser- und Abwassergesellschaft (FWA).

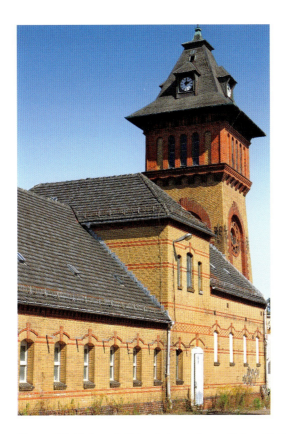

Der Schlachthof in Frankfurt /Oder

Herbert-Jentsch-Straße 41, 15230 Frankfurt/Oder
leer stehend

Der Schlachthof an der Herbert-Jentsch-Straße gehört zum großen städtischen Bauprogramm zur Anpassung der Infrastruktur an die im Zuge der Industrialisierung stark angewachsene Stadt. Die Hauptgebäude wurden 1891 fertig gestellt, Erweiterungen erfolgten 1913/14. Der von identisch gestalteten Bauten flankierte Eingangsbereich gibt den Blick frei auf das zentrale Gebäude des Kühlhauses mit architektonisch markant gestaltetem Wasserturm. Im schiefergedeckten Zeltdach des Turms ist auf jeder Seite ein Dachhäuschen mit Uhr eingebaut. Das Kühlhaus wurde mit gelben Klinkerfassaden und umlaufenden Schmuckfriesen aus roten Klinkern gestaltet. Die Gebäude des ehemaligen Schlachthofs sind noch in gutem Zustand, obwohl sie seit einiger Zeit nicht mehr genutzt werden.

Die Stärke-Zucker-Fabrik in Frankfurt/Oder

Goepelstraße 73-75, 15230 Frankfurt/Oder
leer stehend (Fabrikgebäude), Büronutzung (Fabrikantenvilla)

Der nach dem Gründer der Frankfurter Stärke- und Zuckerproduktion als „Koehlmannhof" benannte Gebäudekomplex in der Goepelstraße gehört zu den ältesten und bedeutendsten noch erhaltenen Industrieanlagen in Frankfurt/Oder. Sie zeugen zum einen von dem wichtigsten hier verbreiteten Industriezweig, der industriellen Verarbeitung von landwirtschaftlichen Produkten, und zum anderen vom inzwischen von großflächigen Abrissen geprägten Umfeld des ehemaligen Frankfurter Industrieviertels am Winterhafen.

Die Stärkeproduktion begann zu Beginn des 19. Jahrhunderts. Die noch erhaltenen Bauten zeigen mit ihren Überformungen die Entwicklung des Industriebaus bis in die Mitte des 20. Jahrhunderts: das villenähnliche Kontorgebäude an der Alten Gasse von 1863 bzw. 1897, die Couleurfabrik von 1896, die stark überformte Sirupfabrik mit Originalkelleranlagen von 1860, die von 1867 bis 1870 errichtete, viergeschossige Dextrinfabrik mit ihren zahlreichen später vorgenommenen Erweiterungsbauten und die den „Koehlmannhof" zum Norden begrenzende Stärkefabrik, ein sachlich gestalteter, dreigeschossiger Sichtziegelbau, der 1911 nach einem Brand wiederaufgebaut wurde. Vom gesamten Baukomplex ist nur die Direktorenvilla in der Herbert-Jentsch-Straße 12a saniert und einer neuen Nutzung zugeführt worden. Sie ist ein Beispiel für die zahlreichen in Frankfurt/Oder erhaltenen repräsentativen Villenbauten. Das Gebäude wird von einem Giebel in Neo-Renaissance-Form und einem das Treppenhaus betonenden Turm geprägt. Bodenfliesen, Türen und Fenster, Deckenstuck, Parkett und Wandvertäfelungen des Saals sind aus der Bauzeit erhalten.

TIPP

In der Bahnhofstraße 21 befindet sich hinter den in den 1950er Jahren erbauten Wohnhäusern das Werkstattgebäude der 1868 gegründeten „Hof-Instrumenten-Fabrik" Julius Altrichter. Hier wurden Blech- und Holzblas- sowie Streich- und Schlaginstrumente gefertigt. Der zweieinhalbgeschossige Sichtziegelbau fällt durch seine mit gelben und roten Ziegeln kontrastreich gestaltete Fassade und durch den markanten Abschluss des Traufgesimses auf. Leider ist das Gebäude durch jahrelangen Leerstand inzwischen stark beschädigt und unzugänglich.

Die Kalkbrennerei in Wriezen
Am Hafen, 16269 Wriezen

In Wriezen stand die Verarbeitung von Agrarprodukten des Oderbruchs im Vordergrund. Eine Malzmühle in der Freienwalder Straße und eine Malzfabrik in der Kanalstraße erinnern noch heute an diese Tradition. Die industriellen Betriebe profitierten vom Auf- und Ausbau der Bahnverbindungen und der Schiffbarmachung der Alten Oder 1905/06. In Wriezen wurde 1969 der Hafenbetrieb eingestellt, das Hafenbecken teilweise zugeschüttet. Wegen seiner stadtgeschichtlichen Bedeutung stehen am ehemaligen Hafen sowohl der Zellenspeicher von 1929 als auch die gesamte Bahnhofsanlage unter Denkmalschutz.

Die schon seit 1860 bestehende Kalkbrennerei wurde 1889 mit einem zweiten Schachtofen erweitert. Die Branntkalkproduktion musste 1926 eingestellt werden. Die beiden Rundöfen mit ihren kegelförmigen Aufsätzen blieben wie auch die Villa Oskar Kloses, Besitzer der Kalkbrennerei, erhalten. Der zweigeschossige Ziegelbau (Bauzeit um 1890) ist durch einen dreistöckigen Turmbau geprägt.

Ein Unternehmer hat die beiden Kalköfen und die Fabrikantenvilla gekauft und saniert sie derzeit für eine künftige gastronomische Nutzung. Die Sanierung des ersten Kalkofenturms ist bereits abgeschlossen.

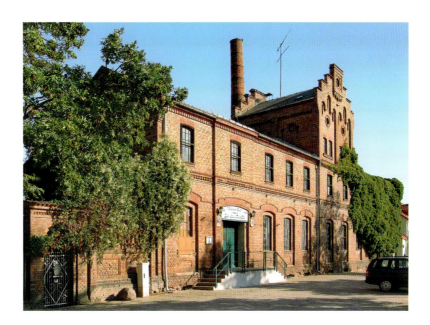

Die Sprit- und Essigfabrik in Wriezen
Freienwalder Straße 53, 16269 Wriezen
Gastronomie, Senfmanufaktur, teilweise leer stehend

Im Zentrum Wriezens beeindruckt das Gebäude der ehemaligen Großdestillation und Essigfabrik von 1877. Der zweigeschossige Sichtziegelbau weist in der Mitte ein weiteres über zwei Achsen reichendes Geschoss mit reich gegliedertem Treppengiebel und Querdach auf. Mit diesen baulichen Besonderheiten und dem hohen Schornstein trägt das Gebäude zur Charakteristik einer nach großen Kriegszerstörungen überwiegend von Bauten der Nachkriegszeit gekennzeichneten Stadt bei. Eine Lorenbühne, eine Art Verbindungsbrücke, verbindet das ehemalige Fabrikgebäude mit einem stark überformten Altbau in der Nachbarschaft. Die frühere Sprit- und Essigfabrik wird gastronomisch genutzt. Im hinteren Teil ist eine kleine Senfmanufaktur ansässig. Sie knüpft an die seit 1957 bestehende Tradition der Senfproduktion an.

Die Malzfabrik in Wriezen

Kanalstraße 10, 16269 Wriezen
Museum, Restaurant

TIPP

Am westlichen Ende der Freienwalder Straße befindet sich das Mühlengehöft einer ehemaligen Malzmühle. Seit 1524 ist in Wriezen der Standort einer Wassermühle nachweisbar. Das jetzige Mühlengebäude stammt vom Ende des 18. Jahrhunderts und wurde seitdem mehrfach umgebaut und erweitert. Nach dem Niedergang der Brauereiindustrien diente die Mühle ausschließlich als Getreidemühle.

Für die Industriekultur und Stadtgeschichte Wriezens ist die aus dem Jahr 1858 stammende Malzfabrik von besonderer Bedeutung. In den letzten Kriegstagen des Zweiten Weltkrieges stark zerstört, wurde die denkmalgeschützte Fabrik wieder aufgebaut. Die der Öffentlichkeit zugängliche Fabrik ist ein ziegelsichtiger Gebäudekomplex aus mehreren Bauetappen mit Pult- und Satteldächern und einem feldsteingepflasterten Fabrikhof. Von herausragender industriegeschichtlicher Bedeutung ist die vollständig erhaltene Darre. Der Fabrikschornstein mit Fuchs dominiert das Erscheinungsbild der Anlage. In einem Teil der Fabrik sind ein Museum und ein Restaurant untergebracht.

Die Schöpfwerke an der Alten Oder – Das Schöpfwerk in Alttornow

Brückenstraße 8, 16259 Bad Freienwalde OT Alttornow

Das erste einer Reihe kleinerer Schöpfwerke wurde in Alttornow 1895 erbaut. Auftraggeber war der Ranfter Meliorationsverband. Das Schöpfwerk ist ein Schutzbau zur Vermeidung von Hochwasser und zur Trockenhaltung des Ranfter Polders. Das Betriebsgebäude wurde als roter Sichtziegelbau in historisierenden Formen mit drei Doppelrundbogenfenstern gestaltet. Die maschinelle Ausstattung aus der Bauzeit ist noch erhalten. Die beiden Kreiselpumpen (Baujahr 1894) sind bis Anfang der 1960er Jahre mit Dampf angetrieben worden. Seitdem erfolgt der Antrieb durch Elektromotoren. Ein eingeschossiger Sichtziegelbau in unmittelbarer Nachbarschaft des Betriebsgebäudes diente dem Schöpfmeister als Wohnhaus. Die Gesamtanlage, zu der auch die Nebengebäude Stall, Werkstatt und Kohlenschuppen gehören, ist aufgrund ihrer technik- und baugeschichtlichen Bedeutung 2005 unter Denkmalschutz gestellt worden. Sie fügt sich harmonisch in das Landschaftsbild ein und hat bis heute in seiner bauzeitlich überlieferten Form eine wichtige Funktion: Das Schöpfwerk verhindert ab einem bestimmten Pegelstand das Ausufern des Freienwalder Landgrabens und somit Überflutungsschäden in einem Einzugsgebiet von etwa 80 Quadratkilometern.

Das Schöpfwerk in Neutornow
Neutornow 68, 16775 Bad Freienwalde OT Neutornow

TIPP

Sehenswert ist in Neutornow das Ende des 19. Jahrhunderts aus Feldsteinen erbaute Spritzenhaus sowie das Chausseehaus in Schiffmühle, das um 1832 errichtet wurde. Als Vorlage dienten die Musterentwürfe für Chausseehäuser der Preußischen Oberbaudeputation in Berlin unter Mitarbeit von Schinkel.

Empfehlenswert ist auch die Ziegelei in Altglietzen, die über einen der schönsten und am besten erhaltenen ovalen Ringöfen (1878) im Land Brandenburg verfügt.

Die wasserbauliche Anlage an der Stillen Oder stammt aus dem Jahr 1896 und ist ein weitgehend komplett erhaltenes Schöpfwerk aus der Zeit der Hochindustrialisierung. Die Anlage besteht aus einem Maschinenhaus mit südlichem Schornstein, nördlicher Freischleuse sowie Dienst- und Wohngebäuden des Schöpfmeisters. Erbaut wurde die Anlage als Hochwasserschöpfwerk zur Entwässerung bei steigenden Außenwasserständen der Alten Oder. Das Schöpfwerk Neutornow ist noch heute in Betrieb und das leistungsstärkste Pumpwerk dieser Art im Land Brandenburg. Gemeinsam mit dem Schöpfwerk in Alttornow veranschaulicht es ein neues, übergreifendes Konzept bei der Bekämpfung der Hochwassergefahr im nördlichen Oderbruch. Neben seiner besonderen bau- und technikgeschichtlichen Bedeutung ist das Werk ein Kulturlandschaft prägendes Element und signifikantes Beispiel für die Entfaltung technologischer Habitate in der Zeit der Industrialisierung. **Matthias Baxmann**

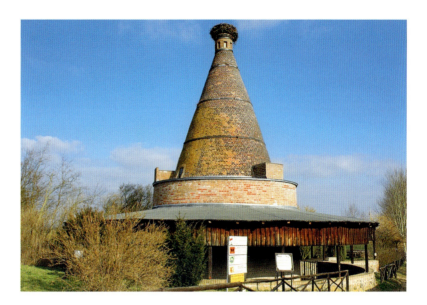

Der Ziegelbrennofen in Altgaul

Ein Kleinod der Industriekultur des 19. Jahrhunderts im Oderbruch ist der direkt an der Alten Heerstraße gelegene Einkammerziegelbrennofen in Altgaul. Er entstand vermutlich um 1830 und markiert den Übergang vom bis dahin praktizierten Meiler- oder Grubenbrand zur industriellen Ringofenproduktion. Er ist eine Weiterentwicklung des bereits gebräuchlichen offenen Feldbrandofens. Der Ofen war bis zum letzten Drittel des 19. Jahrhunderts in Betrieb. Die Stilllegung erfolgte aufgrund des Aufkommens von Ringöfen in der Ziegelproduktion.

Der Ziegelbrennofen ist ein im Land Brandenburg einmaliges Zeugnis frühindustrieller Ziegelproduktion im ländlichen Raum. Es handelt sich um einen kreisrunden Kammerofen mit vertieftem überdachten Rundgang sowie Hochkamin. Das Brennen der Ziegel, die in der Kammer aufgeschichtet wurden, war zeitaufwändig und erforderte vom Brennmeister große Erfahrung, um ein möglichst gutes und gleichmäßiges Ergebnis zu erzielen. Ziegeleien wie die in Altgaul hatten großen Anteil daran, dass sich die Bausubstanz und das Erscheinungsbild der Dörfer und Städte im Oderbruch nach 1800 wandelte. An Stelle strohgedeckter und mit Mantelschornsteinen versehener Fachwerkhäuser traten schrittweise massive Gebäude mit Ziegeldächern und Grundschornsteinen. Heute beherbergt der Ofen ein vom Naturschutzbund betriebenes Storchenmuseum. Der weithin sichtbare kegelförmige Kamin wird von einem Storchennest gekrönt. Matthias Baxmann

Die Hafenanlagen in Groß Neuendorf

Hafenstraße 2, 15324 Letschin OT Groß Neuendorf
www.maschinenhaus-online.de, www.verladeturm.de
Hotel, Cafe, Ferienwohnung, Ausstellungsräume

Die 650-jährige Ortsgeschichte Groß Neuendorfs ist vor allem durch den Warenumschlag auf der Oder geprägt. Nachdem das Oderbruch auf Initiative von Friedrich II. vor rund 250 Jahren eingedeicht und trockengelegt wurde, entwickelte sich das Land von einer mäandrierenden Flusslandschaft und einem Sumpfgebiet zu einem wichtigen Zuckerrübenanbaugebiet Deutschlands. In Groß Neuendorf wurde zum Entladen der Getreideschiffe ab Mitte des 19. Jahrhunderts eine Kaimauer angelegt, die 1911 mit einem Hafenbecken ergänzt wurde. 1912 erfolgte der Anschluss an die Oderbruchbahn. Umgeschlagen wurde mit Kränen. Erst 1940 erfolgte die Einrichtung eines Verladeturms. Aufgrund der völligen Zerstörung der Hafenanlagen im Zweiten Weltkrieg musste der Verladeturm 1953 als Teil einer vollautomatischen Getreideverlade- und -umschlaganlage neu gebaut werden. Er wurde ergänzt durch das mit einer Förderbrücke verbundene Maschinenhaus und durch flache Bauten für die Separierung, Trocknung und Reinigung des Getreides. Durch diese Anlage konnte der Getreideumschlag vom Lastkraftwagen auf Bahnwaggons und Binnenschiffe vollautomatisch erfolgen. Mit der Einstellung der Oberbruchbahn 1966 nahm die Bedeutung des Umschlagbetriebs sukzessive ab. Die funktionslos gewordenen Gebäude drohten zu verfallen. Die Zukunftschancen einer touristischen Nutzung dieses Standorts veranlasste die Gemeinde Letschin, die Hafenanlagen 1999 vollständig zu übernehmen und zur kulturellen und gastronomischen Nutzung ausbauen zu lassen. Seit 2006 sind im ehemaligen Maschinenhaus ein Restaurant und Hotel sowie eine Ausstellungshalle eingerichtet. Im Verladeturm entstand ein Café mit Panoramablick über die Oder sowie eine sich über die vier oberen Etagen des Turms erstreckende Ferienwohnung. Die frühere Verbindungsbrücke zwischen Verladeturm und Maschinenhaus wurde zur Aussichtsplattform mit einer 25 Meter langen Bank umgebaut. Trotz des Umbaus wird an die frühere Funktion erinnert. So wurden Schütttrichter für Getreide am Maschinenhaus und Teile des Lastenaufzugs am Verladeturm belassen.

Die Denkmale des Eisenhüttenkombinats Ost (EKO) in Eisenhüttenstadt

Werkstraße, 15890 Eisenhüttenstadt
www.arcelormittal-ehst.com

Ein Besuch in Eisenhüttenstadt vermittelt zum einen den Einblick in eine Industrie- und Alltagskultur, die nirgendwo sonst so authentisch die Prägungen durch das DDR-System sichtbar macht. Zum anderen wird durch das moderne Hütten- und Walzwerk das Erlebnis von schwerindustrieller Produktion vermittelt. Vor über fünfzig Jahren entstand verkehrsgünstig an Eisenbahnverbindungen und am Oder-Spree-Kanal gelegen das Eisenhüttenkombinat Ost (EKO), ein Roh-Eisenwerk mit zuletzt sechs Hochöfen und einem Walzwerk. Die Planungen setzten bald nach Gründung der DDR ein. 1951 wurde der Grundstein für das Eisenhüttenwerk gelegt. Nach Überwindung gravierender technischer Probleme produzierten zwei Jahre später vier Hochöfen aus russischem Eisenerz mit polnischer Kohle Roh-Eisen. 1955 brannten bereits sechs Hochöfen. EKO lieferte rund zwei Drittel, später in den 1980er Jahren drei Viertel des in der DDR produzierten Roh-Eisens. Gleichzeitig wuchs im Süden des Werks als Wohnstadt für die Arbeiter eine neue, nach sozialistischen Vorstellungen gebaute Stadt. 1955 hatte Stalinstadt (diesen Namen trug Eisenhüttenstadt von 1953 bis 1961) bereits 15.000 Einwohner. Noch heute sind die ersten Häuserblocks mit ihren charakteristischen neoklassizistischen Gestaltungselementen (Erker, Säulen, Wandmalereien) erhalten. Die Wohnkomplexe I bis IV zwischen Beeskower, Karl-Marx-, Friedrich-Engels- und Diehlower Straße stehen unter Denkmalschutz. Die Ende der 1950er Jahre entstandenen Wohnkomplexe IV und V sind bereits von den Anfängen einer standardisierten und industrialisierten Architektur bestimmt. Die erst nach und nach entstandenen Infrastruktureinrichtungen wie das Lokal „Aktivist", das Friedrich-Wolf-Theater sowie das „Haus der Partei und der Massenorganisationen", heute Sitz der Stadtverwaltung, sind Ausdruck sozialistischer Zukunftsvisionen. Das Dokumentationszentrum Alltagskultur in Eisenhüttenstadt (www.alltagskultur-ddr.de) sammelt und sichert seit 1996 Belege für die Kultur-, Sozial- und Alltagsgeschichte der DDR.

Neben den Denkmalen des sozialistischen Städtebaus, die als eines der größten Flächendenkmale Deutschlands unter Schutz gestellt wurden, befinden sich am und im Hüttenwerk stadtprägende und industriegeschichtlich bedeutsame Bauten aus der Entstehungszeit. Dazu zählt der frühere Haupteingang zum Werk, die „Schönfließer Warte" an der B 112, ein torartiges Bauwerk mit der Aufschrift „EKO Stahl GmbH". Als technisches Denkmal wurde der Hochofen 1 (Möllerbunker, Koksabsiebung, Schrägaufzug mit Kippkübel, Winderhitzungsanlage, Gichtgasreinigung, Roh-Eisen- und Schlackenpfanne) unter Schutz gestellt, ebenso der als Wahrzeichen des Werks und der Stadt zählende Gasometer in unmittelbarer Nähe des Hochofens. Dieser Scheibengasbehälter ging 1963 in Betrieb. Der 100 Meter hohe Hohlkörper aus Stahlblech mit einem Skelett aus 24 Stahlstützen hat ein Volumen von maximal 300.000 Kubikmetern.

Das Hüttenwerk wurde 1984 durch ein Stahlwerk ergänzt. Nach der Wende 1989 scheiterten in der Zeit einer Stahlkrise zwei Privatisierungsversuche, bis schließlich 1995 der Verkauf an den belgischen Stahlkonzern Cockerill Sambre erfolgte und eine umfassende Modernisierung des Werks begann. Inzwischen ist das ehemalige EKO als Arcelor Mittal Eisenhüttenstadt GmbH der größte Industriebetrieb Brandenburgs und Teil der Arcelor Mittal Gruppe, dem größten Stahlkonzern der Welt. Zu den Kunden zählen Unternehmen der Automobil-, Hausgeräte- und Bauindustrie.

Die Ruine des Kraftwerks Vogelsang in Eisenhüttenstadt

Die Ruine des Kraftwerks Vogelsang erinnert mit seinen beiden weithin sichtbaren Schornsteinen eindrucksvoll an die wenig bekannte Geschichte der Rüstungsindustrie und Zwangsarbeit in Fürstenberg/Oder, der Altstadt von Eisenhüttenstadt. Es ist das einzige erhaltene Bauzeugnis aus dieser Zeit. 1998 begonnene Abrissarbeiten konnten aufgrund des Naturschutzes gestoppt werden. 2005 wurde der Gebäudekomplex unter Denkmalschutz gestellt.

Das vom Vorsitzenden der Märkischen Elektrizitäts Werke AG (MEW), Wilhelm Zschintzsch, angeregte und von Albert Speer angeordnete „Wärmekraft-Sofortprogramm", auch „Zschintzsch-Programm" genannt, sollte die Energieversorgung der kriegswichtigen Industrie nachhaltig sichern. Geplant war zunächst der Bau von fünf identischen Kraftwerken im östlichen Reichsgebiet, deren architektonischer Entwurf von Heinrich Zeller stammte. Später sollte das Programm um weitere fünf Kraftwerke erweitert werden. Auf allen Baustellen wurden Zwangsarbeiter eingesetzt.

Das Kraftwerk Vogelsang wurde ab dem 1. April 1943 von der MEW aufgebaut. Als der Bau 1945 durch die Rote Armee eingestellt wurde, war das Kraftwerk bereits zu einem großen Teil fertig gestellt und technisch ausgerüstet. Nach der Befreiung Fürstenbergs durch die Rote Armee erfolgte die Demontage der technischen Anlagen. Von einer Sprengung wurde in Anbetracht der unmittelbaren Nähe der Oderdeiche Abstand genommen.

Das Kraftwerksareal diente zu DDR-Zeiten als paramilitärischer Übungsplatz der Kampfgruppen und Zivilverteidigung. Das Gelände ist nach Ende einer 2008 vom Städtischen Museum ausgerichteten Sonderausstellung nicht mehr zu betreten. Die beiden 100 Meter hohen Schornsteine, die das Kesselhaus flankieren, der Kohlebunker sowie der Bau der Kühlwasserpumpenanlage am Einlaufbecken sind vom vorbeiführenden Oderradweg aus gut zu sehen.

Matthias Baxmann

Der Friedrich-Wilhelms-Kanal

TIPP

Das Heimatmuseum im „Haus des Gastes" in Müllrose widmet sich neben der Industrialisierung auch der Kanalhistorie und des Schifferwesens.

Müllrose ist Sitz einer bedeutenden, heute noch tätigen Industriemühle, die auf eine 1275 erstmals urkundlich erwähnte Mühle zurückgeht und schon 1884 vollautomatisiert wurde.

Ähnlich wie der Finowkanal im Norden Berlins ist der Friedrich-Wilhelms-Kanal im Süden ein Denkmal für die bis in das 14. Jahrhundert zurückreichenden Pläne, zur Erschließung Brandenburgs Verbindungen zwischen den großen Flüssen herzustellen. Der später nach seinem Initiator, dem Großen Kurfürsten Friedrich Wilhelm, benannte Kanal nutzte das Flussbett der Schlaube. Der Bau begann 1662. 1668 konnte der Friedrich-Wilhelms-Kanal eingeweiht werden. Er war 22,6 Kilometer lang und hatte 13 Schleusen. Der Kanal hatte jedoch häufig mit Wassermangel zu kämpfen. Die Wassertiefe war oftmals so niedrig, dass die Schifffahrt den Umweg über den Finowkanal nehmen musste. Mit dem aufblühenden oberschlesischen Bergbau und der Industrie wurde die Notwendigkeit einer schnelleren und billigeren Wasserstraße nach Berlin immer deutlicher.

Schließlich wurde 1886 der Bau des Oder-Spree-Kanals beschlossen und 1890 als erste Wasserstraße für größere Schiffe in Deutschland eröffnet. Ein Teil des Friedrich-Wilhelms-Kanals, eine etwa 12 Kilometer lange Strecke von der ehemaligen Buschschleuse bis nach Schlaubehammer, wurde zum Bau des neuen Kanals genutzt. Der Abschnitt vom Wergensee bis zur Buschschleuse dient noch heute zur Speisung der Scheitelhaltung des Oder-Spree-Kanals aus der Spree. Sehenswert sind die Schleusenbauwerke in Brieskow und die Schleuse Weißenspring bei Groß Lindow sowie das in der Nähe befindliche Denkmal für die Kanalerbauer.

KOHLE, STROM, EISEN UND TEXTILIEN
LAUSITZER INDUSTRIEBEZIRK

Neben dem Finowtal sind die Ursprünge der Brandenburger Industrie vor allem in der Lausitz zu finden. Bereits im 17./18. Jahrhundert wurde mit der Verarbeitung von Raseneisenerz in den Gießereien in Peitz und Lauchhammer der frühindustrielle Anfang gemacht. Anfang des 19. Jahrhunderts entwickelte sich das Textilgewerbe zum Schrittmacher der „Industriellen Revolution". Der Industrialisierungsfortschritt hing in der Lausitz vor allem mit der wachsenden Mechanisierung des Textilgewerbes zusammen. Neue Spinnmaschinen und Webstühle sowie zunehmend Dampfmaschinen als zentrale Kraftquelle kamen seit den 1840er Jahren zum Einsatz. Bis in die 1860er Jahre hinein verarbeitete man vor allem inländische Schafwolle, die von den Wollmärkten in Berlin und Breslau bezogen wurde. In der weiteren Folge wurde das Spektrum der verarbeiteten Rohstoffe vielfältiger. So kam zur Verarbeitung von Schafwolle zunehmend auch ausländische Baumwolle, Seide und Leinen hinzu. Neben dem inländischen Markt und Berlin versorgte die Lausitz auch das Ausland mit seinen textilen Produkten, vor allem die USA. Die Textilindustrie mit ihrem hohen Bedarf an Energie gab wiederum den entscheidenden Impuls zur Ausbeutung des zweitgrößten Braunkohlereviers in Europa. Zunächst betrieben die Tuchfabrikanten die Gruben selbst. Bald jedoch wurde die Förderung der Braunkohle, ihre Verarbeitung zu Briketts und die Verstromung zu einem eigenen zentralen, später stark monopolisierten Industriezweig. Auch die Ziegeleiindustrie profitierte von der Braunkohle. Die im Zuge der Braunkohlegewinnung geförderten Quarzsande beförderten zudem einen Aufschwung der traditionellen Glasproduktion.

Nachdem beide Hauptindustrien der Lausitz, sowohl die Braunkohleförderung und -verarbeitung als auch die Textilindustrie, ihre Bedeutung über die Zeit der Weimarer Republik (40 Prozent der deutschen Textilindustrie war 1925 in der Lausitz angesiedelt) über die NS-Diktatur bis zum Ende der DDR behielten, setzte seit 1990 ein Deindustrialisierungsprozess ein, von dem sich die Lausitz bis heute nur langsam erholt. Aus umwelt- und energiepolitischen Gründen wurde die Braunkohleförderung stark zurückgefahren, von 17 sind in Brandenburg nur noch drei Tagebauanlagen in Betrieb. Im Gegensatz zur Textilindustrie, die inzwischen nahezu vollständig verschwunden ist, ist die Braunkohleindustrie nach wie vor der strukturbestimmende Industriezweig der Region und neben der Chemieindustrie einer der größten Arbeitgeber.

Für die Bewältigung der Folgen des Braunkohlebergbaus und die Entwicklung zerstörter Landschaften zu touristisch attraktiven Seengebieten gibt die Internationale Bauausstellung IBA Fürst-Pückler-Land 2000 bis 2010 nachhaltige Anstöße. Dabei bleiben die herausragenden Zeugnisse der Industrie ein Alleinstellungsmerkmal, eine Attraktion, die der Region positive Entwicklungspotenziale ermöglichen sollen.

Die Textilfabriken und das Dieselkraftwerk in Cottbus

Cottbus entfaltete sich durch seine wirtschaftliche Entwicklung zum industriellen und kulturellen Zentrum im Süden des Landes Brandenburg. Durch den Braunkohlebergbau nahm Cottbus ab der zweiten Hälfte des 19. Jahrhunderts eine im Vergleich zu früheren Jahrhunderten rasante Entwicklung.

Die Stadt profitierte vom Technologietransfer aus dem industriell weit fortgeschritteneren England. Die englisch-belgischen Maschinenbauer und Industriellen William und John Cockerill richteten 1816 im ehemaligen Schloss in Cottbus eine Maschinengarnspinnerei mit Dampfmaschinenbetrieb ein. 1842 stellten die Cockerills die ersten Jacquardwebstühle auf. Ihr Betrieb wurde zunehmend zum Vorbild für weitere Garn-, Tuch-, Teppich- und Hutfabriken in Cottbus. Insbesondere nach dem Ausbau der Verkehrsinfrastruktur – genannt seien hier die Pferdeeisenbahn von Cottbus nach Goyatz 1846, der Anschluss an das Eisenbahnnetz in der zweiten Hälfte der 1860er Jahre, der Bau der Spreewaldbahn Ende des 19. Jahrhunderts oder der Chaussee- und Landstraßenbau – siedelten sich in und um Cottbus zahlreiche Unternehmen an, die die Stadt in der Region Berlin-Brandenburg zur wichtigsten Industriestadt nach Berlin und Brandenburg/Havel werden ließen. 1890 waren schließlich 6.000 Arbeiter in der Cottbuser Textilindustrie beschäftigt. 1930 existierten 53 Tuchfabriken, fünf Färbereien und drei Leinenwebereien. Aber auch andere Industriezweige der Verarbeitungs- und Lebensmittelindustrie sowie des Maschinen- und Metallgewerbes breiteten sich aus. Vielfältige Zeugnisse der Industriekultur belegen noch heute diese eindrucksvolle Industrialisierungsgeschichte.

Die „Straße der Textilfabriken" in Cottbus

TIPP

Empfehlenswert ist ein Blick vom Spremberger Turm auf die Stadt: im Südosten die ehemaligen Tuchfabriken, im Osten der Braunkohletagebau Cottbus-Nord mit seinem 31 Meter hohen Aussichtsturm und im Nordosten das nahe Braunkohlekraftwerk Jänschwalde.

Im Stadtteil Sachsendorf lohnt sich ein Besuch des ab 1897 errichteten Wasserwerks. Neben den Betriebsgebäuden in rotem Backstein mit Rundbogenfenstern und Schmuckfassaden ist vor allem der Wasserturm mit runder Kuppel sehenswert (Museum im Wasserwerk, Saarbrücker Straße, 03048 Cottbus).

Am Ostrower Damm 19 fällt der Bau der ehemaligen Tuchfabrik Wilhelm Müller auf: ein klar gegliederter, viergeschossiger Eisen-Beton-Bau von 1915. Die neoklassizistische Fassade ist durch drei Risalite gegliedert. Der restaurierte Bau war Teil eines bis 1997 zu großen Teilen abgerissenen Fabrikareals, dessen Bebauung bis 1760 zurückgeht. Heute sind hier Büros untergebracht. An der Ecke Ostrower Damm 17/Franz-Mehring-Straße befindet sich in einem viergeschossigen Ziegelbau die 1893/94 erbaute ehemalige Tuchfabrik und Färberei Jürss & Elger. 1885 vom Textilfabrikant Koppe gegründet und 1921 von Jürss & Elger übernommen, verband diese Fabrik in einem Gebäude mehrere Produktionsschritte: vom Spinnen über das Weben bis zum Veredeln der Gewebe. Im Inneren dieses Gebäudes, in dem von 1946 bis 1990 im VEB Tuchfabrik Cottbus Kammgarn- und Strickgarngewebe aus Wolle hergestellt wurde, ist noch ein imposanter gemauerter Ziegelkamin zu besichtigen. Die Fabrikantenvilla ist erhalten geblieben, große Teile des ehemaligen Fabrikareals wurden abgerissen. Von der Kreuzung Ostrower Damm/Franz-Mehring-Straße sind in östlicher Richtung die mit einer Fußgängerbrücke verbundenen ehemaligen Textilfabriken Duch & Hamann (An der Wachsbleiche 1) und Richard Rottka zu sehen. Auf diesem Areal ist eine vollständige Umnutzung erreicht worden. Eine Augenklinik, Ärzte und mehrere Dienstleistungsfirmen haben heute hier ihren Sitz. Allerdings fehlt jeder Hinweis auf die stadt- und industriegeschichtliche Bedeutung dieser Bauten, lediglich ein Gastronom hat sein Restaurant „Fabrikantenvilla" genannt.

In der ehemaligen, 1880 gegründeten Tuchfabrik L. Polscher (Ostrower Damm 11) wurden 1910 erstmals Webstühle mit Elektroeinzelantrieb ausgerüstet. Am Ostrower Damm 9 befand sich bis 1945 die Fabrik von Albert Stern, eine der größten Teppichfabrikationsstätten in Cottbus. Auch der zwischen 1870 und 1925 entstandene Fabrikkomplex am Ostrower Damm 1-3 war ursprünglich eine Tuchfabrik. Die Textilfabrikation wurde Anfang der 1930er Jahre aufgegeben. Es folgte bis 1945 die Rüstungsgüterproduktion, in der DDR anfangs die Cottbuser Wollwarenfabrik Werk 3, danach die Produktion für das Geräte- und Reglerwerk Teltow. Nach 1990 nutzte die internationale Anlagenbaufirma Asea Brown Boveri (ABB) das Areal. Heute sind hier verschiedene gemeinnützige Einrichtungen angesiedelt. An der Hofseite ist der fünfgeschossige Treppenhausvorbau im Tudorstil mit zinnenartigem Traufabschluss außergewöhnlich. Die Bauzeit wird mit „vor 1885" angegeben. Die Villa des früheren Fabrikbesitzers Carl Samuel Elias dient als Ärztehaus.

Das Dieselkraftwerk in Cottbus

Uferstraße/Am Amtsteich 15, 03046 Cottbus
www.museum-dkw.de

Am Rand des historischen Cottbuser Stadtzentrums steht auf der Mühleninsel neben dem ab 1902 im Stil märkischer Backsteingotik errichteten Wasser- und Dampfkraftwerk der eindrucksvolle Baukomplex des ehemaligen städtischen Dieselkraftwerks. Obwohl Cottbus seit Anfang der 1920er Jahre vom Braunkohlekraftwerk Trattendorf bei Spremberg mit Strom versorgt wurde und zwei große Hochspannungsleitungen nach Berlin unmittelbar an der Stadt vorbeiführten, beschlossen 1926 die Cottbuser Stadtverordneten, ein Dieselspitzenkraftwerk zu errichten. So entstand ein herausragendes industriegeschicht-

TIPP

In unmittelbarer Nähe des Dieselkraftwerks erinnern restaurierte Gerberhäuser an die Wohn- und Arbeitsverhältnisse der Weiß- und Lohgerber. Insbesondere die Weißgerber, die in einem aufwändigen, monatelangen Prozess u. a. durch die Verwendung von Alaun- und Kochsalz Tierhäute zu feinem Leder verarbeiteten, können als „Urväter" der chemischen Industrie angesehen werden. Ende des 19. Jahrhunderts verkürzte die Fabrikgerbung mit anderen Stoffen (u. a. Chrom) den Gerbvorgang auf wenige Stunden und brachte das Ende des Gerberhandwerks mit seinen ökologischen und gesundheitlichen Belastungen mit sich.

liches Kleinod. Der Berliner Architekt Werner Issel wurde mit der Planung des Baus beauftragt. Issel, der lange Zeit im Büro von Walter Klingenberg gearbeitet hatte, stand vor der Aufgabe, eine funktionale Industriearchitektur mit einer Parklandschaft zu einem harmonischen Ganzen zu vereinen.

Der Klinker-Bau besticht mit Formen der Neuen Sachlichkeit und expressionistischen Stilelementen. Die vertikalen, über die gesamte Fassade reichenden Fensterbänder, säulengestützte Bogengänge und vor allem ein Turmbau geben diesem Industriebau eine sakrale Anmutung. Dennoch dienten die jeweiligen Baukörper voll der Funktionalität des Kraftwerks und wurden entsprechend proportioniert. In der großen, durch lange Fensterbänder lichtdurchfluteten Maschinenhalle und in der Umformerhalle wurde der Strom erzeugt, im Schalthaus mit seinen kreuzgangähnlichen Arkaden (Trafo-Nischen) verteilt und über den Freileitungsturm, der an einen Campanile erinnert, in das Leitungsnetz gespeist. Das Kraftwerk ist wegen der sumpfigen Bodenverhältnisse auf 600 Betonpfählen fundamentiert. Die Klinker lieferte die Ilse Bergbau AG aus dem nahen Großräschen. Ende der 1950er Jahre ist das Kraftwerk still gelegt und leer geräumt worden. Bemühungen der Technischen Universität Cottbus, in diesem Gebäude ein Brandenburgisches Haus für Technikkultur einzurichten, ließen sich nicht realisieren. Nach einer vierjährigen Umbau- und Sanierungsphase ist das ehemalige Kraftwerk im Mai 2008 als Museum der Moderne der Brandenburgischen Kulturstiftung eröffnet worden. In einer Dauerausstellung und Sonderschauen wird eine Auswahl aus 22.000 Kunstwerken (Malerei, Skulptur, Grafik, Fotografie und Plakatkunst) gezeigt. Das Berliner Architekturbüro Anderhalten legte beim Umbau Wert auf die möglichst weitgehende Erhaltung des ursprünglichen Gebäudebestands. Um den Erfordernissen eines Museums hinsichtlich Sicherheit, Belichtung, Raumklima und Feuerschutz zu entsprechen, wurden in der Maschinen- und der Umformerhalle Betonkuben nach dem Haus-in-Haus-Prinzip eingebracht und der Lichthof zur Erweiterung der Eingangshalle überdacht. Der Turmbau erschließt die Räume der ständigen Sammlung im früheren Schalthaus. Im Inneren ist das alte Mauerwerk sichtbar sowie die expressionistische Farbgebung (orangerote Fensterrahmen, taubenblaue Türfassungen, grüne Fliesenspiegel) wiederhergestellt worden.

Dieselkraftwerk in Cottbus

Die Textilfabriken und das Heizwerk in Forst

Sorauer Straße 37, 03149 Forst (Brandenburgisches Textilmuseum)
Inselstraße 8, 03149 Forst (Heizwerk)
www.textilmuseum-forst.de, www.lausitzer-museenland.de
Museum, teilweise leer stehend

Das 1995 eröffnete Brandenburgische Textilmuseum wurde in dem 1897 erbauten viergeschossigen Fabrikbau der Tuchfabrik Daniel Noack eingerichtet. Es ist noch heute von alten Fabrikgebäuden und Fabrikantenvillen umgeben. In einer Schauwerkstatt werden Webstühle, Kettenschärmaschinen und andere Textilmaschinen gezeigt, die zum Teil noch aus dem 19. Jahrhundert stammen. Der Ort des Museums erinnert an das bedeutendste Zentrum der Textilindustrie in Brandenburg. Die Stadt Forst gilt umgangssprachlich als das „deutsche Manchester". Davon zeugt nach wie vor eine eindrucksvolle Industrielandschaft, die jedoch weitgehend funktionslos geworden ist. Hier wurde 1821 die erste Maschinenspinnerei eröffnet und ab 1841 auf Initiative von C. A. Groeschke mit der Produktion von „Buckskin"-Stoffen aus Leinengarn und Wolle nach englischem Muster ein preiswerter, strapazierfähiger Stoff hergestellt, der vor

TIPP

Seit 2006 gibt es im Forster Ortsteil Neu-Horno ein Dokumentationszentrum der „Verschwundenen Orte" (In der Dorfaue 9). Hier wird an die 136 Dörfer mit ca. 25.000 Einwohnern erinnert, die seit 1922 dem Braunkohleabbau in der Niederlausitz weichen mussten (www.verschwundene-orte.de).

Nördlich von Forst ist das Technische Denkmal des Wasserkraftwerks Grießen ein attraktives Ausflugsziel. Ende der 1920er Jahre als eines in einer Reihe von Neißekraftwerken erbaut, im Zweiten Weltkrieg zerstört und in historischen Formen wieder aufgebaut, produziert das Kraftwerk heute wieder Strom. Der Kraftwerksturm kann nach Vereinbarung bestiegen werden.

allem für Herrenanzüge verwandt wurde. Eine ab 1893 ausgebaute Stadtgüterbahn, die „Schwarze Jule", verband mit einem 24 Kilometer langen Streckennetz den Bahnhof mit 59 Fabriken und transportierte vor allem Braunkohle für die zahlreichen Dampfmaschinen. Die erste Dampfmaschine zum Betrieb von Webstühlen wurde in Forst schon 1844 eingesetzt. Die 1965 still gelegte Schmalspurbahn war wegen Ihrer Tramway-Lokomotiven überregional bekannt. 1925 waren in der Textilverarbeitung 14.500 der 37.000 Einwohner von Forst tätig. In der Stadt gab es in dieser Zeit mehr als 400 Textilbetriebe, so zum Beispiel Garn- und Tuchfabriken, Färbereien, Appreturanstalten, aber auch Textilmaschinenfabriken. Wichtigster Abnehmer war Berlin. Die Forster Textilindustrie erlebte in der DDR trotz großer Zerstörung im Zweiten Weltkrieg als VEB Forster Tuchfabriken mit bis zu 2.000 Arbeitern einen Wiederaufstieg. Anfang der 1990er Jahre setzte ein Prozess der Deindustrialisierung ein, von dem sich die Stadt bis heute nicht erholt hat. Sämtliche Textilfabriken wurden geschlossen, auch die traditionsreiche, 1885 gegründete Textilfachschule. Die Tuchfabrik Daniel Noack wird seit August 1995 vom Brandenburgischen Textilmuseum genutzt. Geplant ist eine Verlegung des Museums in die ehemalige, 1878 gegründete Volltuchfabrik C. H. Pürschel (Heinrich-Heine-Straße). Das Fabrikensemble steht wie fünf andere große Tuchfabriken in Forst unter Denkmalschutz und soll nach Instandsetzungs- und Umbaumaßnahmen das Neißezentrum für Wirtschaft, Wissen und Kultur beherbergen.

Das 1995 still gelegte Heizwerk in der Inselstraße erinnert wie das gleichfalls 1995 still gelegte städtische Elektrizitätswerk in der Badestraße an die frühere industrielle Bedeutung der Stadt. Das Bauensemble aus Kesselhaus, Schornstein, Kohlebunkeranlage, Maschinensaal, Verwaltungsgebäude und Wohnhaus wurde 1923 im Auftrag der Textilfabrikanten F. und K. Avellis von der AEG zur Versorgung der Tuchfabriken mit Heißdampf erbaut und später von der Stadt übernommen. Die technische Ausstattung ist noch weitgehend erhalten und soll in die neue Nutzung integriert werden.

Zahlreiche Schornsteine prägen das Forster Stadtbild, aber auch der 72 Meter hohe Wasserturm in der Nähe des Bahnhofs. Er wurde 1902/03 in historisierender, an einen mittelalterlichen Bergfried erinnernder Formsprache erbaut und 1992 bis 1994 saniert.

Auf Anfrage werden vom Textilmuseum Stadtrundgänge durchgeführt, bei denen die erhaltenen Fabrikgebäude und Fabrikantenvillen gezeigt werden. Insgesamt sind von den zahlreichen Textilfabriken mehr als 40 erhalten. Leider sind nur wenige dieser Gebäude einer neuen Nutzung zugeführt worden. Seit Mai 2000 ist das Kreisverwaltungszentrum in der ehemaligen Tuchfabrik Robert Cattien in der Jönickestraße 28 untergebracht. Die Tuchfabrik Eugen Neubarth in der Max-Fritz-Hammer-Straße wurde zur Wohnnutzung umgebaut.

Die Hutfabrik Carl Gottlob Wilke in Guben
Gasstraße 5, 03172 Guben
www.lausitzer-museenland.de

In Guben hatte sich seit den 1820er Jahren die größte Konzentration von Betrieben der Hutindustrie in Deutschland gebildet. Entscheidend gefördert wurde der weltweite Absatz von Hüten durch die 1846 eröffnete Bahnverbindung nach Berlin. Grundlage der Hutherstellung war die in Guben schon seit dem 14. Jahrhundert vorhandene Wollverarbeitung. Überwiegend wurden aus Schafswolle Tücher hergestellt, mit dem weichen Wasser der Neiße gereinigt, gefärbt und gewalkt. Wie in Cottbus brachten auch hier die Gebrüder Cockerill ab 1818 mit dem Einsatz von Dampfmaschinen die Industrialisierung voran.

Mit der Übersiedlung von Carl Gottlob Wilke aus Forst und seiner Erfindung des witterungsbeständigen Filzhutes begann 1822 die Entwicklung zum größten deutschen Produktionsstandort für Woll- und Haarhüte. Die Dekatur, die Behandlung des Stoffs mit Druck und Dampf, wurde für die Massenproduktion von Hüten angewandt. Eine Technik, die schon aus der Tuchverarbeitung bekannt war.

Ein weiterer großer Hutfabrikant, A. Cohn, verlegte ab 1906 seinen Betrieb von Berlin nach Guben, ebenso der Erfinder von Nappa-Leder, der jüdische Unternehmer Emanuel Meyer. 1927 arbeiteten 7.400 Gubener in der Hutindustrie. Die 50 Hutfabriken produzierten 70 Prozent aller in Deutschland hergestellten Woll- und Haarhüte. Nach der Blütezeit der Hutindustrie in der Kaiserzeit und in der Weimarer Republik begann mit der Verfolgung der jüdischen Fabrikbesitzer in der NS-Zeit der Niedergang. Im Zweiten Weltkrieg erfolgte durch die Umstellung auf Rüstungsproduktion die vollständige Stilllegung. In der DDR konnte dennoch an die Tradition der Hutindustrie angeknüpft werden. Mehr als 1.000 Arbeiter waren ab den 1950er Jahren im VEB Vereinigte Hutwerke beschäftigt. 1988 wurden 2,3 Millionen Hüte und Mützen produziert. Selbst über die Wende 1989 konnte sich eine Hutfabrik retten, bis deren Ende schließlich im Mai 1998 besiegelt war.

Von 1993 bis 2005 erinnerte das Technische Museum der Hutindustrie im Gebäude der ehemaligen Hutfabrik Carl Gottlob Wilke mit einer Ausstellung historischer Hüte und Hutmaschinen an die 175-jährige Tradition der Hutherstellung in Guben. Der zwischen der Gas- und Straupitzstraße gelegene Fabrikkomplex (Rohfabrikationshallen, Werkstätten und Färberei) geht auf die Begründung einer Hutmanufaktur im Jahre 1822 zurück. Die ältesten Bauteile des ab 1864 bebauten Areals reichen bis in das letzte Drittel des 19. Jahrhunderts zurück.

Im Juli 2006 ist das Museum vollständig neu konzipiert und mit moderner Präsentationstechnik versehen als Stadt- und Industriemuseum wiedereröffnet worden. Neben den Ausstellungsbereichen in Form von 14 Hauben, die überdimensionierten Hüten nachempfunden sind, werden weiterhin in den früheren Fabrikhallen alte Hutmaschinen gezeigt. Auch die lange leer stehende Tuchfabrik „VEB Gubener Wolle" (gegründet als „Berlin-Gubener Hutfabrik, vormals Apelius Cohn") in der Alten Poststraße 26/Uferstraße 20-28 hat inzwischen eine neue Nutzung gefunden. Hier hat sich die Gubener Plastinate GmbH Gunther von Hagens angesiedelt.

Die Stadt Guben ist zusammen mit dem polnischen Gubin östlich der Neiße (hier befand sich bis 1945 das Stadtzentrum mit der Altstadt Gubens) Teil der Internationalen Bauausstellung IBA Fürst-Pückler-Land 2000 bis 2010. Neben dem Ausbau der Frankfurter Straße als Ost-West-Verbindung der beiden Städte ist hier vor allem die Umnutzung des Werks I des VEB's Gubener Wolle hervorzuheben. Die 1996 still gelegte Fabrik liegt direkt im Stadtzentrum am Fluss gegenüber der polnischen Neißeinsel, auf der sich früher das Stadttheater befand. Fabrikantenvilla und Pförtnerhaus, auch zwei Fabrikgebäude wurden saniert, diverse Hallen abgerissen, um Sichtachsen und eine Terrasse zur Neiße hin zu schaffen.

Der Hammergraben und das Hüttenwerk in Peitz

Hüttenwerk 1, 03185 Peitz
www.peitzer-huettenwerk.de, www.niederlausitz-technik.de

Schon um 1660 ließ der Kurfürst von Brandenburg in der Nähe der strategisch entscheidenden Festung Peitz erstmalig Roh-Eisen für Kanonen gießen. Für die notwendige Wasserkraft wurde als herausragende Leistung früherer Wasserbaukunst der Hammergraben angelegt, eine 22 Kilometer lange Verbindung zwischen Spree und Malxe. Die Wasserkraft bewegte neben Mahlmühlen die Blasebälge der Hütte sowie schwere Hämmer für die Eisenbearbeitung. Verhüttet wurde das reichlich vorhandene Raseneisenerz, das beim Anlegen von Teichen gefunden wurde. Der dafür notwendige Kalkstein kam aus Rüdersdorf, die Holzkohle aus den umliegenden Wäldern. Als das Gebiet um Cottbus kurzzeitig an Sachsen fiel, wurden die Hochöfen 1810 mit neuen Flammöfen englischer Bauart modernisiert. Das heutige Erscheinungsbild der Werksanlage stammt aus der Zeit zwischen 1815 und 1839. Den Grundriss des Werks bilden zwei durch den Hammergraben getrennte Hofanlagen. Auf der rechten Hofseite befinden sich direkt am Kanal die nach Plänen des Hütteninspektors Carl Gottlob Voigtmann gebaute Hochofen- und Gießereihalle mit den beiden Wasserrädern, das Beamtenwohnhaus, das Hüttenamt und das Produkte-Magazin. Auf der linken Kanalseite stehen ein historisches Schulhaus sowie ein Wohngebäude, das Emaillierwerk (1821 zur Emaillierung des hier produzierten Kochgeschirrs gebaut) und ein Torfschuppen. Nach Süden schließt die Werksanlage mit der Stabhammerhütte am Hüttenteich ab. An historischer Hüttentechnik blieb die vollständige Ausstattung der Hochofenhalle erhalten: ein Holzkohlehochofen, zwei Kupolöfen, eine Zylindergebläsemaschine sowie ein Balkenkran. 1858 wurde in Peitz mit dem Ende der Verhüttung von Raseneisenstein und der Verlagerung der Eisenproduktion in die Nähe der Steinkohlelagerstätten der Hüttenbetrieb eingestellt. Ein privater Gießereibetrieb setzte die Tradition der Eisenverarbeitung bis 1898 fort. Die Gebäude der Anlage wurden zudem für eine Textil-, Papier- bzw. Sauerstofffabrik und zur Fischzucht genutzt. Die Unterschutzstellung als Denkmal erfolgte schon 1938. Ein erstes Hüttenmuseum wurde 1973 eröffnet. Nach einer langen Renovierungsphase ist das Museum wieder zu einem beliebten Besucherziel geworden. Inzwischen ist die ehemalige Eisenhüttenanlage Sitz des größten Binnenfischereibetriebes Deutschlands. Da in Peitz die Fischzucht und Teichwirtschaft auf eine lange Tradition zurückblicken kann, eröffnete in einem Seitenflügel des Hüttenwerks im März 2006 ein Fischereimuseum.

TIPP

Ein Besuch der Stadt Peitz mit ihrer historischen Altstadt, der imposanten Stüler-Kirche (erbaut nach dem Vorbild der Berliner Matthäuskirche 1854 bis 1860), dem historischen Rathaus mit seiner Schaufassade im Stil der Tudorgotik (vermutlich auch von Stüler), dem Festungsturm sowie den Bastei-Resten ist empfehlenswert. In Peitz hat auch die Textilindustrie Tradition. 1885 gab es acht Tuchfabriken. Die größte, Carl Rehn & Söhne in der Schulstraße 7, war bis 1990 in Betrieb. Sie wurde 1994/95 für Verwaltungszwecke umgebaut und ist mit einem Erschließungsbau ergänzt worden. Die ehemalige Fabrikantenvilla Rehn ist erhalten und steht unter Denkmalschutz.

Das IBA-Auftaktgebiet und die Bauten der Ilse Bergbau AG in Großräschen

www.iba-see.de

TIPP

In „Industriellen Landpartien" werden zu festen Terminen die wichtigsten Stationen der ENERGIE-Route Lausitzer Industriekultur erschlossen. Die achtstündigen Bustouren starten am Bahnhof Doberlug-Kirchhain (www.gaesteservice-plessa.de, www.industriekultur-und-mehr.de).

Seit über 150 Jahren prägt der Braunkohlebergbau die Lausitz, ihre Landschaft, ihre Siedlungs- und Infrastruktur, ihre Menschen.

Im Mittelpunkt der Internationalen Bauausstellung IBA steht der Strukturwandel im Kontext mit Landschaftsgestaltung. Die IBA Fürst-Pückler-Land 2000 bis 2010 versteht sich als Wegbegleiter und Zukunftsprogramm einer vormals monostrukturierten Bergbauregion, die jetzt die größte Landschaftsbaustelle Europas ist. Sie verknüpft gestalterische und technische Innovationen. Die IBA lenkt internationale Aufmerksamkeit auf die Region und zielt auf die Schaffung regionaler Wirtschaftskreisläufe als Kern eines nachhaltigen Strukturwandels ab. Ziel ist es, die Landschaft nachhaltig zu sanieren und die herausragenden landschaftlichen und architektonischen Zeugnisse der Lausitzer Industriegeschichte zu erhalten sowie einer attraktiven Nutzung zuzuführen. Von den 25 Einzelprojekten der IBA sind einige Teil der ENERGIE-Route Lausitzer Industriekultur. Mit dieser Route werden die Zeugnisse der Industriekultur zu einem touristischen Angebot vernetzt und überregional vermarktet. Ein erster Erfolg dieser Vernetzung ist die Aufnahme der ENERGIE-Route in die Europäische Route der Industriekultur (ERIH).

Die IBA-Geschäftsstelle befindet sich im denkmalgeschützten Beamtenhaus der Ilse Bergbau AG, dem bis 1945 größten deutschen Braunkohlekonzern.

Die IBA-Terrassen in Großräschen

Seestraße 100, 01983 Großräschen
www.iba-see.de

Das Informations- und Ausstellungszentrum der IBA Fürst-Pückler-Land grenzt an den von 1960 bis 1999 betriebenen Braunkohletagebau Meuro. Es ist Ausgangspunkt für vielfältige IBA-Touren. Die 270 Meter langen, architektonisch ansprechend gestalteten IBA-Terrassen bieten einen guten Blick auf den entstehenden, seit März 2007 gefluteten Ilse-See. Hier geben drei Häuser Platz für Ausstellungen und Veranstaltungen auf 3.000 Quadratmetern. Die ständige Ausstellung „Bewegtes Land – von der Eiszeit zur Freizeit" zeigt multimedial das Ausmaß des Landschaftswandels in der Lausitz. Anziehungspunkt ist bereits jetzt eine „Seebrücke" aus einem gewaltigen Bergbaugerät, einem so genannten Absetzer. Nach Abschluss der Flutungen des künftig 771 Hektar großen und 70 Meter tiefen Ilse-Sees im Jahr 2015 soll als touristisches Zentrum ein Hafenforum entstehen. So entwickelt sich aus einer großflächigen Tagebaulandschaft das Lausitzer Seenland – eine neue Wassertourismusregion mit 14.000 Hektar Wasserfläche. Über 13 schiffbare Verbindungen werden zehn Seen zu einer Kette miteinander verbinden. Der erste gestaltete Tagebausee ist der ab 1967 entstandene Senftenberger See, der heute eine attraktive, überregional ausstrahlende Erholungslandschaft ist, die viel zur Wohnqualität der alten Bergarbeiterstadt Senftenberg beigetragen hat.

Das ehemalige Ledigenwohnheim der Ilse Bergbau AG in Großräschen

Seestraße 88e, 01983 Großräschen
www.seehotel-grossraeschen.de

Die 1871 vom Berliner Chemiefabrikanten Kunheim gegründete Ilse Bergbau Gesellschaft förderte in der Lausitz Braunkohle. Die Ilse Bergbau AG entwickelte sich bis Anfang der 1930er Jahre zum größten Braunkohlekonzern Deutschlands. Beim Abbau wurden im Deckgebirge über der Kohle auch große Mengen Ton gewonnen, die in Ziegeleibetrieben u. a. als „Ilse-Klinker" zu Ziegeln, Klinkern und Fliesen verarbeitet wurden. Um den hohen Arbeitskräftebedarf zu decken und die Arbeiter an die Bergwerksgesellschaft zu binden, wurden mehrere Siedlungen (u. a. die „Gartenstadt Marga"), 1923 ein repräsentatives Ledigenwohnheim sowie 1928/29 ein Beamtenwohnhaus errichtet.

Der dreiachsige Bau des Ledigenwohnheims wirkt mit übergiebeltem, balkongekröntem Portal, Freitreppe, Mittelrisalit und dominantem Mansarddach wie ein nach klassizistischen Architekturvorstellungen gestaltetes Herrenhaus. Nach 1945 wurde das Gebäude als Verwaltungs- und Schulungszentrum der Braunkohleindustrie im Senftenberger Revier genutzt. Anfang der 1990er Jahre erfolgte die Räumung und 1994 die Unterdenkmalschutzstellung des Gebäudes. Nach Erwerb des Grundstücks durch die Stadt Großräschen 1999 wurden Sicherungsmaßnahmen vorgenommen. Es folgte ein Umbau zu einem Vier-Sterne-Hotel. Im August 2007 konnte das Hotel mit 40 Zimmern, Restaurant und Veranstaltungspavillon eröffnet werden. Neben der Lage am entstehenden Ilse-See bietet das Hotel als besondere Attraktion eine Galerie mit 50 Reproduktionen berühmter Gemälde.

Das im Stil der „behutsamen Moderne" 1928/29 erbaute ehemalige „Beamtenhaus", ein zweistöckiger Eisenklinkerbau (siehe Seite 102), wurde nach jahrelangem Leerstand und drohender Devastierung 1998 bis 2000 denkmalgerecht zum Sitz der IBA-Verwaltung umgebaut.

TIPP

An die lange Tradition der Ziegelproduktion in Großräschen erinnert das eindrucksvolle Gebäude der 1954 eingeweihten Berufsschule der Ziegler in der Seestraße (heute Oberschule). Hier fand die Lehrausbildung der Ziegler aus der gesamten DDR statt. Das Klinker- und Ziegelwerk Großräschen umfasste mehrere Werke in einem größeren Umkreis.

Das Stollenmundloch Meurostolln bei Hörlitz

Der westlich von Senftenberg angesiedelte, erst 1999 eingestellte Tief- und Tagebaubetrieb in Meuro belieferte die 1888 bis 1890 gebaute Brikettfabrik Meurostolln. Diese Brikettfabrik schloss 1995 und wurde abgerissen. In der ehemaligen Bergarbeitergemeinde Hörlitz ist als einziger Erinnerungsbau für diesen bedeutenden Kohlegewinnungs- und Veredelungsstandort das Eingangsportal zum untertägigen Förder- und Fahrschacht Meurostolln erhalten geblieben. Dieses inzwischen zugemauerte Portal aus gelben und rotbraunen Klinkern mit seitlichen Mauerwerkspfeilern war der Eingang zu einem Stollen, der in einigen hundert Metern Entfernung zum ehemaligen Tagebaugelände führte.

Der Stolleneingang ist nur schwer zu finden. Von Senftenberg kommend, ist der Klettwitzer Straße zu folgen. Anschließend rechts in die Wredestraße abbiegen und diese bis zum Ende durchfahren. Nach drei großen Findlingen führt ein Weg zum Gelände der ehemaligen Brikettfabrik. Hinter einer Baumgruppe ist dann der Stolleneingang zu erkennen.

Die Werkssiedlung „Gartenstadt Marga" in Senftenberg

01968 Senftenberg
www.erste-gartenstadt.de; privat, teilweise leer stehend

Mit der Ausweitung der Kohleförderung und -veredelung Anfang des 20. Jahrhunderts sowie dem Übergang zur mechanisierten Tagebautechnologie war es für den Bergbau in der dünn besiedelten Niederlausitz zwingend notwendig, qualifizierte Arbeitskräfte anzuwerben und Stammbelegschaften aufzubauen. Die Unternehmen waren gezwungen, neben der Anwerbung entsprechender Arbeitskräfte auch die notwendige soziale Infrastruktur für deren Ansiedlung zu schaffen. So entstanden noch vor dem Ersten Weltkrieg in der unmittelbaren Nähe der Betriebsstätten eindrucksvolle Werkssiedlungen wie die „Gartenstadt

Marga" in Senftenberg. Neben der Versorgung mit Wohnraum, Verkaufs- und Freizeiteinrichtungen, Kirchen und Schulen hatten diese Siedlungen auch die Funktion, Abhängigkeitsverhältnisse zu schaffen und Arbeitskräfte dauerhaft an das Unternehmen zu binden. Die bedeutendste und wohl auch schönste Siedlung der Region schuf der bekannte Architekt Georg Heinsius von Mayenburg für die Ilse Bergbau AG. Benannt nach der Tochter des Bergwerksdirektors Gottlob Schumann entstand von 1912 bis 1915 die „Gartenstadt Marga". Die Standortwahl an der Chaussee Ruhland/Senftenberg erfolgte unter Berücksichtigung des gleichnamigen, schon erschlossenen Kohlefeldes „Marga". Hier entstand einer der größten und modernsten Bergbaubetriebe Deutschlands. Die Siedlung ist in ihrer architektonischen Gestaltung von der Dresdener Reformarchitektur inspiriert und von Elementen des späten Jugendstils geprägt. Sie lehnt sich an den Gartenstadtgedanken englischer Prägung an. 78 Häuser in ca. 15 verschiedenen Haustypen wurden gebaut. Es entstanden insgesamt 260 Familien- und 40 Junggesellenwohnungen für Beamte, über 1.000 Arbeiterwohnungen sowie Unterkunfts- und Schlafräume für 1.200 unverheiratete Arbeiter. Die Häuser gruppieren sich auf einem kreisförmigen Siedlungsgrundriss, in dessem Zentrum sich ein rechteckiger Marktplatz befindet, der von Schule, Kirche, Friedhof, Gasthaus und Geschäftshäusern (Margahof) umstanden ist. In Entwurf und Gestaltung spielten die Wohnhäuser die betriebliche Hierarchie wider. Abwechslungsreich gestaltet sind sie auch heute noch von Gärten umgeben. Ein äußerer Grünring – er war in verschiedene Funktionsbereiche untergliedert: Festwiese, Sportplatz, Fabrikgarten, Kindergarten, Gärtnerei – schloss die Siedlung von der Umgebung ab, vor allem von Betriebsstätten des Braunkohlewerks. Ende der 1990er Jahre konnte die Siedlung denkmalgerecht saniert und modernisiert werden. Von den Produktionsstätten „Marga" (in der DDR Franz-Mehring-Werk) sind die frühere Kraftzentrale und das Badehaus erhalten geblieben, beides denkmalgeschützte Bauten. Im Badehaus, ein 1909 erbauter Backsteinbau mit 25 Meter hohem Turmbauwerk, waren die ehemalige Waschkaue und die Verwaltung der Grube Marga untergebracht. In der 1900 erbauten Kraftzentrale der Brikettfabriken Marga I und II befanden sich im zentralen zwölf Meter hohen Turbinensaal die Turbinen zur Stromerzeugung. Sie wurden wie die Generatoren und Schaltanlagen nach der Stilllegung 1967 ausgebaut. Lediglich ein Portalkran ist noch vorhanden. Eine neue Nutzung dieser Gebäude steht noch aus.

Das Besucherbergwerk F60 in Lichterfeld

Bergheider Straße 4, 03238 Lichterfeld
www.f60.de

TIPP

Großbagger sind von Tagebauaussichtspunkten in Welzow-Süd, Jänschwalde oder Cottbus-Nord zu besichtigen. Touren durch die Grube sowie bereits rekultivierte Landschaften werden wie Besichtigungen des Kraftwerks „Schwarze Pumpe" u. a. vom Bergbautourismusverein „Stadt Welzow" organisiert (www.bergbautourismus.de, www.niederlausitz-technik.de).

Die eindrucksvolle Abraumförderbrücke vom Typ F60 am Rand des ehemaligen Tagebaus Klettwitz-Nord ist die jüngste der 41 Förderbrücken, die in Deutschland zum Einsatz kamen, die meisten davon im Lausitzer Braunkohlerevier. Mit einer Länge von 502 Metern, einer Breite von 240 Metern und einer Höhe über Grund von 80 Metern gilt sie als das größte bewegliche Arbeitsgerät, das weltweit montiert wurde. 13.500 Tonnen Stahl wurden verbaut (nach Umbau zum Besucherbergwerk noch etwa weitere 11.000 Tonnen). Bis zu 60 Meter Abraum über der Kohle konnten in einem Arbeitsgang abgetragen werden.

Am 1. November 1988 begann die Montage der Förderbrücke. Sie fuhr am 5. Februar 1989 in die Arbeitsebene des Tagebaus ein, einen Monat später begann der Probebetrieb. Während der Aufbauphase waren bis zu 1.000 Montagekräfte im Einsatz. Die Förderbrücke war nur 13 Monate im Einsatz, bevor sie ihren Betrieb einstellte.

Nach dem Ende der DDR änderte sich auch die Energiepolitik im Osten Deutschlands. Die meisten Braunkohletagebaue wurden still gelegt – so auch der Tagebau Klettwitz-Nord. Die modernste Förderbrücke der Welt sollte verschrottet werden. Wenige Enthusiasten setzten sich seit 1997 dafür ein, die F60 als technisches Denkmal zu erhalten. Sie konnten nach vielen kontroversen Diskussionen die Gemeinde Lichterfeld und zahlreiche weitere Entscheidungsträger davon überzeugen, dass der Erhalt der F60 eine Investition für die Zukunft ist. Die Eröffnung als Besucherbergwerk erfolgte im Mai 2002. Seither haben ca. 300.000 Besucher die Förderbrücke „befahren", wie es bergmännisch heißt. In 80 Metern Höhe können die Besucher das ehemalige Tagebaugebiet überblicken. Mit nächtlicher Beleuchtung, Klanginstallationen und Konzerten wurde die ehemalige Förderbrücke zur kulturellen Attraktion. Inzwischen ist das touristische Umfeld rund um den „Liegenden Eiffelturm der Lausitz" mit Besucherzentrum, Zufahrtsstraßen, Parkplätzen, Wegen und Begrünung fertig gestellt. Als Projekt der Internationalen Bauausstellung konzipiert, soll im angrenzenden 320 Hektar großen Bergheider See (ein seit 2001 geflutetes ehemaliges Tagebaugebiet) ein schwimmendes Restaurant entstehen, das die Besucher mit einer Fähre erreichen. Darüber hinaus sind ein Bootshafen, Badestrände und Ferienwohnungen geplant.

Das Erlebniskraftwerk in Plessa

Nordstraße 1-3, 04928 Plessa
www.kraftwerk-plessa.de; leer stehend, temporäre kulturelle Nutzung

TIPP
Eine halbe Stunde Fußweg vom ehemaligen Kraftwerk Plessa entfernt, ist mit dem während des Ersten Weltkrieges erbauten Bertzit-Turm an der früheren Braunkohletiefbaugrube „Ada" bei Kahla ein weiteres Architektur- und Technikdenkmal der Lausitzer Braunkohleindustrie zu besichtigen. Er sollte der Tieftemperaturverkohlung dienen. Letztlich scheiterte das Projekt. Seit Ende 2008 steht der gesamte Komplex unter Denkmalschutz. Er zeugt als Investitionsruine von den vielfältigen Bemühungen, das eigentlich minderwertige Mineral Braunkohle weiter zu veredeln.

Die beiden ursprünglich über hundert Meter hohen Schornsteine des ehemaligen Kraftwerks dominieren die Landschaft zwischen Lauchhammer und Elsterwerda im Süden Brandenburgs. Sie gehören zu den letzten verbliebenen Industrieschornsteinen in der Lausitz. Etwa zeitgleich wie das Großkraftwerk Klingenberg in Berlin geplant und von 1926 bis 1942 von Siemens-Schuckert in drei Hauptaufbauphasen erbaut, wurde das Kraftwerk 1987 baulich erweitert. Bauherr war ursprünglich der sächsische Elektrizitätsverband Gröba, der hier in Brandenburg günstige Bedingungen für die Stromproduktion vorfand. Wie bei zahlreichen anderen Braunkohlekraftwerken in der Lausitz kam es aus überwiegend energiepolitischen Gründen im April 1992 zur Abschaltung der letzten Turbine. Pläne für einen Abriss scheiterten aus finanziellen Gründen.

Die Aktivität des „Fördervereins Kraftwerk Plessa" und schließlich die 1999 erfolgte Einbeziehung als Projekt in die IBA Fürst-Pückler-Land ermöglichten umfangreiche Sanierungsarbeiten zur musealen und gewerblich-industriellen Umnutzung. Große Teile der technischen Ausrüstung und der ursprünglichen Bausubstanz blieben erhalten. Vor allem das Treppenhaus im Verwaltungsgebäude und die Schaltwarte zeugen von der außerordentlichen Ästhetik der Industriekultur der 1920er Jahre. Inzwischen werden Führungen durch die gut erhaltenen Kraftwerksanlagen, die Schaltwarte und die Ausstellung zur Geschichte des Kraftwerks angeboten.

Das technische Denkmal Brikettfabrik LOUISE in Domsdorf

Louise 111, 04924 Domsdorf
www.brikettfabrik-louise.de; Museum

TIPP

Nicht weit von der brandenburgisch-sächsischen Landesgrenze entfernt, bietet die Lausitzer Energiefabrik Knappenrode als einer von vier Standorten des Sächsischen Industriemuseums vielfältige Zugangsmöglichkeiten zur Bergbaugeschichte im sächsischen Teil der Lausitz (Ernst-Thälmann-Straße 8, 02997 Hoyerswerda OT Knappenrode, www.saechsisches-industriemuseum.de). Dieses eindrucksvoll in einer von 1918 bis 1923 erbauten und bis 1993 produzierenden Brikettfabrik untergebrachte Museum ist Teil der Europäischen Route der Industriekultur.

Energienutzung aus Braunkohle erfolgte zunächst durch die einfache Verbrennung von stückiger Rohkohle. Ab den späten 1850er Jahren konnte der Brennwert der Kohle durch Brikettierung erhöht werden, was den Siegeszug der Braunkohle als Industriebrennstoff entscheidend beförderte. Der Transport von hochgespanntem Strom über Fernleitungen – die erste europäische 110-kV-Hochspannungsfernleitung führte ab 1912 vom brandenburgischen Lauchhammer ins sächsische Riesa – ermöglichte es, am Gewinnungsort aus Braunkohle Elektrizität herzustellen. Allein in der Lausitz gab es in der Geschichte 116 Brikettfabriken. Die Brikettfabrik LOUISE ist eine der ältesten, aber auch eine der kleinsten. Sie zählt zu den wenigen erhaltenen historischen Veredelungsstätten für Braunkohle, die vermutlich älteste noch existierende in Europa. Mit ihren eindrucksvollen Gebäuden und dem kompletten Maschinen- und Anlagenbestand ist sie ein attraktives technisches Denkmal.

Der Braunkohleabbau begann im Tiefbauschacht LOUISE im Jahr 1877. 1882 ging die Brikettfabrik mit zwei Pressen, vier Tellertrocknern, vier Flammrohrkesseln und einem Schornstein in Betrieb. Die Fabrik produzierte bis zu ihrer Stilllegung 1991 fast ununterbrochen. In dieser Zeit wurde sie fortlaufend erweitert. Alte Anlagenteile wie vier Tellertrockner Baujahr 1881, eine Brikettpresse von 1883 (die älteste noch existierende in Europa) blieben dabei erhalten und sind heute zu besichtigen. Eine Ausstellung erinnert an die „Menschen in der Kohle", an die harte Arbeit unter und über Tage. Der 68 Meter hohe, im Rahmen der Restaurierungsarbeiten etwas verkürzte Schornstein ist das Wahrzeichen der Anlage.

Die Biotürme in Lauchhammer
Finsterwalder Straße 57, 01979 Lauchhammer
www.bioturme.de

Die sechs 22 Meter hohen Turmtropfkörpergruppen in Lauchhammer-West sind Reste einer der größten Industrieagglomerationen der DDR. Neben den Türmen befindet sich ein Belebtschlammbecken sowie eine bizarre Stahlkonstruktion, die ehemalige Zentralfackel der ersten Braunkohlekokerei der Welt. Die Biotürme und das Belebtschlammbecken waren bis 2002 in Betrieb. Sie sind die letzten Relikte der 1991 still gelegten und dann abgerissenen Großkokerei Lauchhammer. Trotz der Eintragung in die Denkmalliste war der Erhalt der Biotürme lange Zeit unsicher. Erst nachdem auf Anregung des Kultusministeriums die Stiftung Kunstgussmuseum Lauchhammer Eigentümer und die Türme Teil der Großprojekte der IBA Fürst-Pückler-Land wurden, konnte mit Mitteln des Europäischen Fonds für regionale Entwicklung von 2006 bis 2008 die Sanierung der Biotürme erfolgen. Die nordwestliche Turmgruppe ist zu einem Aussichtsturm mit zwei gläsernen Kanzeln in 16 bzw. 19 Metern Höhe umgebaut worden. Zwischen den Türmen werden Theatervorstellungen, Konzerte und Kunstinstallationen veranstaltet. Illuminationen zu bestimmten Anlässen unterstreichen die Wirkung der Türme. Zudem bietet der Traditionsverein Braunkohle Lauchhammer e. V. Führungen zur Geschichte des Kokereigeländes an.

Die Eisen- und Kunstgießerei in Lauchhammer

Freifrau von Löwendahl Straße, 01979 Lauchhammer
www.kunstguss.de; Museum

Die Gründung des Eisenhüttenwerks in Lauchhammer geht auf das Jahr 1725 zurück. Eisenwerk und Gießerei verhütteten wie im weiter östlich gelegenen Peitz Raseneisenerz. 1876 übernahm Graf von Einsiedel das Werk. Er modernisierte es schrittweise. Neben der traditionellen Eisenproduktion machte er Lauchhammer zu einer der bedeutendsten Kunstgussgießereien Europas, die ihre Produkte weltweit verkaufte. Darüber hinaus entwickelte sich das Einsiedel'sche Werk zu einem innovativen Standort des Großmaschinen- und Gerätebaus. Hier wurde u. a. die Lichterfelder Förderbrücke F60 hergestellt. In der Hüttenstraße ist das technische Denkmal der 1836/37 durch die Maschinenbauwerkstatt im Gräflich Einsiedel'schen Eisenhüttenwerk gebauten, 30 Ton-

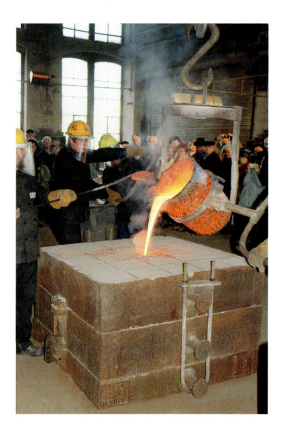

nen schweren gusseisernen Zylindergebläsemaschine zu sehen. Sie diente zur Verdichtung der Verbrennungsluft bei Bleischachtöfen im Hüttenwerk Halsbrücke bei Freiberg, war bis 1925 in Betrieb und wurde schließlich zum 200-jährigen Jubiläum des Hüttenwerks 1929 am Eingang des Werks aufgestellt.

Die Tradition des Kunstgusses – zuerst in Eisen, dann auch in Bronze – wurde in Lauchhammer ab 1784 begründet. Daran erinnert das 1994 gegründete Kunstgussmuseum auf dem ehemaligen Eisenwerksgelände und das „Schaudepot Bronzeschule" in der Freifrau-von-Löwendahl-Straße, eine in Deutschland einzigartige Modellsammlung für die Eisen- und Bronzegießerei.

Die Lauchhammer Kunstguss GmbH & Co. KG ist weiterhin ein angesehener Glocken-, Gewerbe- und Kunstgussbetrieb. Sie arbeitet in einer Eisengießerei aus der ersten Hälfte des 19. Jahrhunderts und kann besichtigt werden. Auf die Eisenhüttentradition in Lauchhammer geht auch das TAKRAF-Werk zurück, das inzwischen als Teil von MAN Tagebau- und Förderanlagen herstellt. Zudem ist einer der größten Hersteller von Windkrafträdern, Vestas, in Lauchhammer angesiedelt.

Die Grundhofsiedlung in Lauchhammer
Grundhof 1-43, 01979 Lauchhammer
privat

TIPP

Typische Werkssiedlungen sind im östlich von Lauchhammer gelegenen Schwarzheide zu sehen. Die ab 1920 nach Plänen Bruno Möhrings entstandene Wandelhof-Siedlung zeichnet sich durch ihre Laubengänge aus. Ab 1935 wurde in Schwarzheide unter Beteiligung der I. G. Farben und mehrerer Braunkohlefördergesellschaften die Braunkohle-Benzin-AG (BRABAG) errichtet. Den Nachfolgebetrieb VEB Synthesewerk Schwarzheide übernahm 1990 die BASF AG als BASF Schwarzheide GmbH. Das Unternehmen ist mit 2.500 Beschäftigten der größte Arbeitgeber der Region.

Ein gelungenes Beispiel für eine der zahlreichen bis 1919 entstandenen Werkssiedlungen im Lausitzer Braunkohlerevier ist die nach Plänen von Bruno Möhring 1918 bis 1920 erbaute Grundhofsiedlung. Bruno Möhring ist ein bekannter Jugendstilarchitekt. Zahlreiche Villen und Siedlungen, aber auch Brücken wurden von ihm entworfen. Die Siedlung in Lauchhammer verwirklicht die Gartenstadtidee: Zwei-Familien- und Ein-Familienhäuser umschließen einen durch Torbögen geschlossenen, angerartigen Park. Die zweigeschossigen Ziegelbauten sind gelb bzw. siena-rot verputzt und besitzen charakteristische Kuppeldächer (Bohlenbinderkonstruktionen). Bauträger der Siedlung war neben der Gemeinde die Braunkohlebrikettindustrie AG Berlin (Bubiag). An der unterschiedlichen Größe der Siedlungshäuser ist die soziale Abstufung der Bewohner erkennbar. Die Siedlung wurde viele Jahre vernachlässigt, konnte aber 1999/2000 vorbildlich saniert werden.

Die Betonbogenbrücke bei Neudeck
04895 Uebigau-Wahrenbrück OT Neudeck

TIPP

Ganz in der Nähe der Neudecker Brücke erinnert in der Eisenbahnerstadt Falkenberg/Elster das Eisenbahnmuseum im ehemaligen Bahnbetriebswerk an die älteste Eisenbahnlinie Südbrandenburgs (Falkenberg war Haltepunkt der 1848 eröffneten Strecke Jüterbog-Röderau) und den Eisenbahnknotenpunkt Falkenberg, der heute als so genannter Turmbahnhof unter Denkmalschutz steht. Höhepunkt der Ausstellung von Fahrzeugen, Anlagen, Geräten und Dokumenten ist die Dampflokomotive BR 52.

Als technik- und baugeschichtliches Denkmal ist die 1904 erbaute Betonbogenbrücke über den Fluss Schwarze Elster von herausragender Bedeutung. Sie ist eines der letzten Zeugnisse des frühen Betonbrückenbaus in Deutschland. Die Neudecker Brücke ist 70,45 Meter lang. Die lichte Weite der Mittelbogenöffnung (Strombogen) beträgt 24,15 Meter, die der beiden Seitenbögen (Flutbögen) 16,35 Meter. Die vergleichsweise flachen Bögen aus unbewehrtem Stampfbeton besitzen an den jeweiligen Frontseiten eine Strukturierung, die wie eine Natursteinverblendung wirkt. Die Nutzschicht besteht aus Kies und Sand, der Fahrbahnbelag ist mit Lesesteinen gepflastert. Strompfeiler, Bögen und Widerlager bilden mit den aufgehenden Wangen mit abschließendem Gesims eine monolithische Struktur aus Beton.

Für die Brückenrampen und Erdbewehrungen der Widerlager wurden ca. 80.000 Kubikmeter Erdreich eingesetzt. Obwohl dieses Brückenbauwerk in seiner Bauweise aus unbewehrtem Stampfbeton (also ohne Eisen- bzw. Stahlarmierung) u. a. aufgrund seines landschaftsprägenden Charakters ein außerordentliches Zeugnis für den Brückenbau Anfang des 20. Jahrhunderts darstellt, sollte es 2006 abgerissen werden. Das Landesamt für Denkmalpflege konnte dies verhindern. Ein Gedenkstein und eine Informationstafel am östlichen Elsterufer in Neudeck geben dem Besucher Informationen zur Baugeschichte der Brücke.

Matthias Baxmann

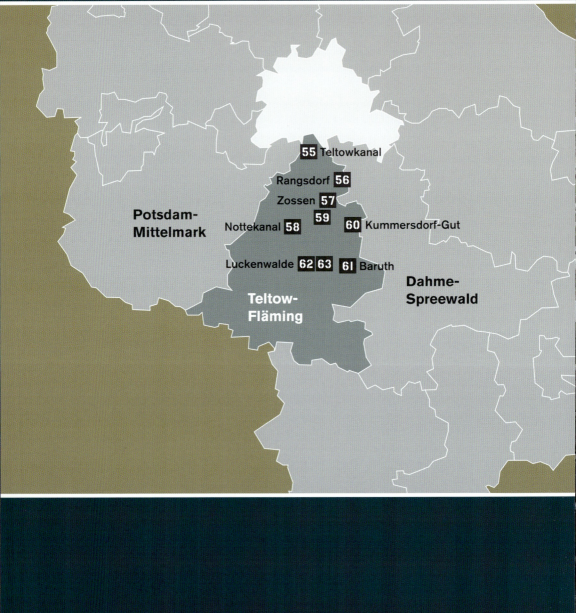

INDUSTRIETRADITIONEN UND WASSERSTRASSEN TELTOW UND FLÄMING

Die Industrietraditionen im Fläming reichen weit bis in das 18. Jahrhundert zurück, sowohl die Tuchproduktion in Luckenwalde als auch die Glashütte in Baruth/Mark. In Teltow hat sich seit den 1930er Jahren Elektrotechnik, Feinmechanik und Optik angesiedelt. Der für die Automatisierung der DDR-Industrie sehr bedeutende VEB Geräte und Reglerwerke Teltow (GRW) konnte an diese Tradition anknüpfen. Heute ist die TTT (Techno Terrain Teltow) auf dem Gelände der früheren GRW der größte innerstädtische Gewerbepark Brandenburgs.

Die Industrialisierung in Ludwigsfelde begann mit der Rüstungsindustrie. Daimler-Benz baute 1936 in nur achtmonatiger Bauzeit das größte und modernste Flugzeugmotorenwerk Europas. Als Anreiz für die Gewinnung von Facharbeitern ließ das Unternehmen von 1936 bis 1940 mit 925 Häusern eine der größten Werkssiedlungen Deutschlands entstehen. Das Werk produzierte 1939 mit 5.700 Beschäftigten jährlich 2.249 Flugzeugmotoren. Während des Krieges stiegen die Produktionszahlen um ein Vielfaches (bis zu 1.200 Motoren monatlich). 1944 wurde das Werk weitgehend zerstört und 1952 als Industriewerk Ludwigsfelde neu gegründet. Hier erfolgte vor allem die Produktion von Motorrollern, später Lastkraftwagen, die sich zum Exportschlager der DDR entwickelten.

Anfang der 1990er Jahre vollzog sich auch in Ludwigsfelde ein tief greifender Strukturwandel. Der Nutzfahrzeugbau und die Flugzeugindustrie blieben jedoch die führenden Industrieunternehmen. Daimler produziert heute im Mercedes Benz Werk in Ludwigsfelde Transportfahrzeuge. Mit der Niederlassung von Rolls Royce in Dahlewitz entstand in der Region ein Zentrum der Luftfahrtindustrie. Knapp 2.000 Mitarbeiter produzieren jährlich rund 630 Flugzeug-Düsentriebwerke. Die Luftfahrtindustrie ist mit Kleinflugzeugen, Turbinen und Dienstleistungen inzwischen zum exportstärksten Wirtschaftszweig des Landes Brandenburg geworden.

Der Teltowkanal

Der 37,8 Kilometer lange Teltowkanal, der die Havel mit der Spree und Dahme verbindet, war für die wirtschaftliche Entwicklung der Stadt Berlin und die südliche Metropolenregion von hoher Bedeutung.

Am 22. Dezember 1900 erfolgte im Schlosspark Babelsberg symbolisch der erste Spatenstich für die im April 1901 an mehreren Stellen gleichzeitig in Angriff genommenen Bauarbeiten. Bis zu 2.700 Arbeiter waren an den Kanal-

TIPP

In Kleinmachnow ist das Industriemuseum (Gemeindeamt, Meiereifeld 33/35, 14532 Kleinmachnow, www.industriemuseum-regionteltow.de) sehenswert, das zu „100 Jahre Teltowkanal und Industriegebiet Teltow, Stahnsdorf, Kleinmachnow" Dokumente zum Kanalbau und der örtlichen Industrieentwicklung zeigt.

baumaßnahmen beteiligt. Sie umfassten u. a. den Bau der Doppelkammerschleuse in Kleinmachnow, 55 Wege-, Straßen- und Eisenbahnbrücken sowie Anlagen für den elektrischen Treidelbetrieb. Entscheidend für den Treidelbetrieb mit Gleichstromlokomotiven war vor allem die Tatsache, dass im Gegensatz zum Eigenantrieb der Schleppzüge weit weniger Sog und Wellenschlag entsteht. Dadurch konnten das Kanalbett und die Ufer geschont und Kosten für die Kanalinstandhaltung geringer gehalten werden.

Für die Stromversorgung des Teltowkanals, der Treidelloks, einer Werft und der vier neuen Häfen am Kanal wurde eigens ein Kraftwerk gebaut. Erstmals ist hier beim Betrieb einer Wasserstraße Elektrizität so umfassend genutzt worden.

In Anwesenheit des Kaisers wurde schließlich am 2. Juni 1906 der Teltowkanal feierlich eröffnet. Ein wichtiger Teil des Kanals ist die Schleuse in Kleinmachnow, die ursprünglich als Doppelschleuse errichtet wurde. Das Füllen und Leeren der Schleusen erfolgte mittels so genannter Hotopscher Heber. Diese eindrucksvolle Technik, die u. a. auch bei der Kersdorfer Schleuse zu besichtigen ist, arbeitet nach dem Prinzip kommunizierender Röhren. Auf der Südseite der Schleusenanlage wurde die erste Bootsschleppe im Bereich der märkischen Wasserstraßen erbaut.

Der Frachtschifffahrtsbetrieb erfolgte bis 1940 ausschließlich mit elektrisch betriebenen Treidelloks bzw. durch den Griebnitz- und Machnower See mit Schleppdampfern. Ab 1940 konnten mit Ausnahmegenehmigungen auch Schiffe mit Selbstfahrbetrieb den Kanal befahren. Nach dem Zweiten Weltkrieg erfolgte die Einstellung des Treidelbetriebs. Nach der Errichtung der Berliner Mauer wurde der Kanal in großen Teilen zum Sperrgebiet.

Erst 1978 wurde durch ein Abkommen mit der DDR-Regierung die Öffnung des Kanals an der Schleuse Kleinmachnow und der Teilausbau bis zum Britzer Zweigkanal ermöglicht. Ab 20. November 1981 konnten Frachtschiffe diese Verbindung wieder nutzen. Nach dem Mauerfall 1989 und Entschlammungsarbeiten ist der Kanal heute wieder vollständig befahrbar.

Neben seiner landschaftsprägenden und ökologischen Bedeutung ist der Teltowkanal vor allem ein wichtiges Zeugnis deutscher Industrie- und Technikgeschichte.

Die Bücker-Werke und der Flugplatz in Rangsdorf

Seebadallee, 15834 Rangsdorf
www.buecker-museum.de; privat (ehemaliges Verwaltungsgebäude und Kantine), teilweise leer stehend (Werkshallen, Flughafen-Tower)

Der Bau der Bücker-Flugzeugwerke und des Flugplatzes in Rangsdorf geht auf einen Beschluss des Reichsluftfahrtministeriums von 1935 zurück, an der Eisenbahnlinie Berlin-Dresden einen Land- und Wasserflughafen, eine Fliegerschule sowie ein Flugzeugwerk zu errichten. Schon Ende 1935 zogen die Bücker-Flugzeugwerke, die seit 1933 in Berlin-Johannisthal produzierten, nach Rangsdorf um. Weltweit exportierte und in Lizenz nachgebaute, vor allem für Sport- und Ausbildungszwecke eingesetzte Flugzeugmarken (die Doppeldecker „Jungmann" und „Jungmeister" sowie die ab 1936 produzierten Eindecker „Student" und „Bestmann") wurden in den Bücker-Flugzeugwerken produziert. Ab März 1940 diente der Flugplatz als Fliegerhorst der Luftwaffe für Transport- und Kurierflugzeuge sowie als Zwischenstation für Kampfverbände.

Die Bücker-Flugzeugwerke wurden während des Zweiten Weltkrieges überwiegend für die Rüstungsproduktion und die Instandsetzung von Militärflugzeugen eingesetzt. Da der Flugplatz und die Bücker-Werke im Zweiten Weltkrieg unzerstört blieben, konnten die sowjetischen Streitkräfte sie bis zu ihrem Abzug 1994 nutzen.

Die Hallen der Bücker-Werke sind heute noch in ihrer ursprünglichen Form erhalten und stehen unter Denkmalschutz. Seit 2006 werden Teile des Areals wieder genutzt. So kaufte ein Künstlerehepaar das Bücker-Verwaltungsgebäude und die Kantine und ließ die modernen Stahlskelettbauten des Industriearchitekten Herbert Rimpl aus den 1930er Jahren für Wohn- und Ateliernutzungen behutsam sanieren. Das frühere Gefolgschaftshaus wird für die Lagerung der Gemälde genutzt.

Der Förderverein Bücker-Museum Rangsdorf e. V. betreibt das sehenswerte Bücker Luftfahrt- und Europäische Eissegel-Museum. Gezeigt werden zahlreiche Flugzeugmodelle, Dokumente zur Werksgeschichte sowie ein Modell der Werksanlage und des Flugplatzes.

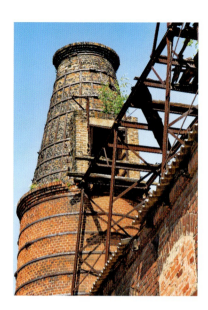

Die Kalkschachtöfen in Zossen
Wasserstraße 6, 15806 Zossen

TIPP

Sehenswert in Zossen sind das teilrestaurierte Brauereigebäude gegenüber des Bahnhofs und das ehemalige Elektrizitätswerk am Nottekanal, das zeitweilig kulturell genutzt wird. Im Zossener Ortsteil Wünsdorf-Waldstadt zeigt ein Motorradmuseum mehr als 80 Motorräder, Motorroller und Mopeds sowie weitere Produkte der DDR-Industrie (Gutenbergstraße 7, 15806 Zossen, www.motorradmuseum-an-der-b96.de).

Die beiden Rundöfen wurden 1852 und 1880 für die Kalkbrennerei und Cement-Falzstein-Fabrik Franz Oertel erbaut. Sie sind 18 Meter hoch und haben einen Durchmesser von sieben Metern. Eine wichtige Voraussetzung für den Antransport des Kalksteins aus Rüdersdorf und die Belieferung des Baustoffhandels mit fertigem Kalk war der Anschluss an den Nottekanal. Aus 30 Tonnen Kalkstein wurden in den runden Kammeröfen in einem dreitägigen Brennvorgang 15 Tonnen gebrannter Kalk hergestellt. 1922 erfolgte die Einstellung der Kalkbrennerei. Die beiden Kalköfen blieben funktionslos. Sie waren viele Jahre vom Verfall bedroht.

Die Stadt Zossen hat inzwischen die beiden Kalköfen erworben und den Verfall gestoppt. Sie sollen saniert und einer öffentlichen Nutzung zugeführt werden.

Der Nottekanal

Das bei Königs Wusterhausen in die Dahme mündende Nottefließ wurde als erste Wasserstraße in Brandenburg in der Regierungszeit des Kurfürsten Joachim II. (1535 bis 1571) zu einem Kanal ausgebaut. Dieser Kanal ist der zweitälteste in Deutschland. Der Nottekanal diente vor allem der Abfuhr des Gipses aus dem Gipsbruch bei Sperenberg. Nach dem Dreißigjährigen Krieg war der Kanal nicht mehr schiffbar. Es war der Große Kurfürst, der wie im Fall des Finowkanals, ab 1683 veranlasste, dass der Nottekanal wieder funktionsfähig gemacht wurde. Die Schleusen in Am Mellensee, Mittenwalde und Königs Wusterhausen wurden 1818 erneuert, ab Mitte des 19. Jahrhunderts erfolgten weitere Ausbaumaßnahmen, so zum Beispiel der Ausbau der Umschlagsstelle in Königs Wusterhausen zum Hafen mit Gleisanschluss. Die wichtige Eingangsschleuse in Königs Wusterhausen besitzt eine für die Frachtschifffahrt nicht ausreichende Nutzlänge von 21 Metern. So dient der Nottekanal heute als Denkmal für den frühen brandenburgischen Wasserbau ausschließlich Freizeitzwecken. Er wurde einschließlich sämtlicher wasserbaulicher Anlagen und den noch erhaltenen Treidelpfaden unter Denkmalschutz gestellt.

Die Königlich Preußische Militäreisenbahn Berlin-Zossen-Jüterbog

Am Bahnhof Zossen, 15806 Zossen; Mellensee 3, 15838 Am Mellensee
www.erlebnisbahn.de, www.baruther-urstromtal.de

Der deutsch-französische Krieg 1870/71 machte dem Militär die Bedeutung der Eisenbahn bewusst. Entscheidend für den Kriegsverlauf erwies sich, dass innerhalb von zwei Wochen 500.000 Soldaten an den Kriegsschauplatz transportiert werden konnten.

Die im Oktober 1875 eröffnete Königlich Preußische Militäreisenbahn (K.M.E.) verlief von Schöneberg über Zossen bis in das 45 Kilometer von Berlin entfernte Kummersdorf-Gut. 1897 wurde die Strecke bis zur bedeutenden Garnisonsstadt Jüterbog verlängert. Neben der Nutzung durch das Militär wurde ein Personen- und Gütertransportbetrieb ermöglicht, so auch für die Gipsfabriken bei Sperenberg und für die zahlreichen Ziegeleien bei Klausdorf. Daher ist die K.M.E. ein Zeugnis der Industrialisierung dieser Region.

Hinzu kommt die Nutzung als Teststrecke. Die spektakulärsten Versuche wurden von der Studiengesellschaft für elektrische Schnellbahnen (St. E. S., ein 1899 unter führender Beteiligung der Firmen Siemens & Halske, AEG und A. Borsig gegründetes Unternehmen) und der Deutschen Versuchsanstalt für Luftfahrt (DVL) unternommen. Die Schnellfahrversuche mit Drehstrom-Triebwagen der St. E. S. zwischen 1901 und 1903 erreichten am 28. Oktober 1903 mit 210 km/h einen Geschwindigkeitsrekord aller Verkehrsmittel, der erst 28 Jahre später durch einen Schienenzeppelin mit 230 km/h gebrochen wurde. Auch die ersten Versuche der DVL mit einem propellerangetriebenen Schienenfahrzeug fanden zwischen 1915 und 1918 auf der Strecke der K.M.E. bei Jänickendorf statt.

Nach dem Ende des Ersten Weltkrieges wurde die Bahnstrecke zwischen Zossen und Jüterbog bis Ende 1993 durch die Deutsche Reichsbahn und bis April 1998 durch die Deutsche Bahn betrieben. Am 1. Juni 1996 erfolgte die Betriebseinstellung des Streckenabschnittes Jüterbog-Sperenberg, am 18. April 1998 die Schließung der Strecke Zossen-Sperenberg. 2001 wurde die gesamte Strecke einschließlich ihrer Bahnhofsanlagen unter Denkmalschutz gestellt. Insbesondere in Zossen vermittelt der K.M.E.-Bahnhof mit Wasserturm und drei Wasserkränen ein vollständiges Bild der Bahnfunktionen des späten 19. Jahrhunderts. Im Bahnhof Sperenberg wurde mit Unterstützung des Fördervereins Naturpark „Baruther Urstromtal" eine Ausstellung zur Geschichte der K.M.E. eingerichtet. Seit 2003 wird als touristische Attraktion auf den Gleisen der ehemaligen Militäreisenbahn zwischen Zossen und Jüterbog eine Draisinenbahn-Strecke betrieben.

Die ehemalige Heeresversuchsanstalt in Kummersdorf-Gut

Konsumstraße 5, 15838 Am Mellensee OT Kummersdorf-Gut
www.museum-kummersdorf.de

Mit der Eröffnung der Königlich Preußischen Militäreisenbahn im Oktober 1875 begann auch die Verlegung des Schießplatzes der Preußischen Artillerieprüfungskommission in den Kummersdorfer Forst. Innerhalb kurzer Zeit entstanden eine Kaserne, Kommandantur, Kommandantenvilla, Offizierscasino, ein 37 Meter hoher Wasserturm, Werkstätten, Laboratorien und Munitionsbunker. Wälder wurden gerodet, um zwei Schießbahnen anzulegen sowie Batteriestellungen mit Schutzwällen und Zielbauten zu errichten. Eine der Schießplatz-Bahnen (eine Schmalspurbahn mit 750 Millimeter Spurbreite) besaß eine Länge von 36 Kilometern. Es entwickelte sich die größte Erprobungsstelle für Bewaffnung und Ausrüstung deutscher Armeen zwischen 1875 und 1945. Nach 1945 erfolgte die Demontage der technischen Einrichtungen und die Nutzung durch die sowjetische Armee für Logistik und Munitionslagerung bis zum Abzug 1994.

Vom Militärflughafen Sperenberg, der von den sowjetischen Truppen auf dem Gelände der Heeresversuchsanstalt gebaut wurde, sind heute noch der Hangar, die beiden Tower und das Rollfeld erhalten. Das gesamte Areal der Heeresversuchsanstalt wurde 2007 als einmaliges Zeugnis der Industrialisierung des Militärs ab dem 19. Jahrhundert unter Denkmalschutz gestellt. Mit einer Fläche von 2.100 Hektar ist das Areal das größte Flächendenkmal Deutschlands. Es umfasst 160 Objekte. In enger Zusammenarbeit mit der Rüstungsindustrie wurden Waffen und Ausrüstungen aller Art getestet. Rüstungsfirmen stellten hier ihre Neuentwicklungen vor, setzten die Anforderungen des Militärs um, nutzten mit dem Personal und den umfassenden Testeinrichtungen in Kummersdorf-Gut die Möglichkeit, ihre Produkte zu entwickeln und für die Serienproduktion vorzubereiten. Wernher von Braun testete in Kummersdorf-Gut Raketen, ehe er in Peenemünde technischer Direktor der dortigen Heeresversuchsanstalt wurde. Auch fanden in Kummersdorf-Gut erste Atomforschungen statt.

Der „Förderverein Historisch-Technisches Museum Versuchsstelle Kummersdorf" betreibt seit 1995 in der Nähe des Kaserneneingangs ein Museum zur Geschichte der Heeresversuchsanstalt und bietet nach Anmeldung themenspezifische Führungen zu den Bauten und über das Gelände an.

Die Glashütte in Baruth/Mark
Hüttenweg 20, 15837 Baruth-Glashütte
www.museumsdorf-glashuette.de

TIPP

In der Nähe der Ortschaft Brand ist die ehemalige Luftschiffhalle sehenswert. Die 360 Meter lange und 107 Meter hohe Halle wurde in den 1990er Jahren für das Cargo-Lifter-Projekt als Werft für Schwerlastzeppeline gebaut. Sie steht auf dem Areal eines ehemaligen, in den 1930er Jahren von der deutschen Luftwaffe errichteten, später zum größten Militärflugplatz der DDR ausgebauten Flughafens. Seit Ende 2004 ist in der größten freitragenden Halle der Welt (fünf Millionen Kubikmeter umbauter Raum) „Tropical Islands" angesiedelt, eine Freizeitanlage mit zwei großen Badebereichen und einem Tropenwald (www.tropical-islands.de).

Etwa 60 Kilometer südlich von Berlin hat sich das Museumsdorf Glashütte bei Baruth/Mark zur touristischen Attraktion entwickelt. Dem Besucher wird eine Vielzahl von mehr als 20 Angeboten offeriert.

In Glashütte wird an einem in Brandenburg seit Beginn des 17. Jahrhunderts weit verbreiteten, handwerklich geprägten Industriezweig erinnert. Bedeutung erlangte Glashütte durch das Wirken der Gebrüder Kunkel, durch die Rubinglasherstellung 1735 sowie die ab 1830 einsetzende Lampenschirmproduktion aus Milchglas. 1844 verließen monatlich 25.000 Lampenschirme und 300.000 Lampenzylinder die Glashütte, die Produktion wurde industriell. Auf den großen Weltausstellungen in London, Paris und Wien stellte die Glashütte ihre Produkte der Weltöffentlichkeit vor und wurde mehrfach für ihre Fabrikate ausgezeichnet. Diesem Aufschwung folgte 1861 die technische Umrüstung. Ein erster Siemens-Regenerativ-Hafenofen ersetzte den enormen Holzverbrauch durch Kohlevergasung. Der heute noch in Baruth/Mark zu besichtigende Ofen ist einer der wenigen weltweit noch erhaltenen seiner Art. Durch ihn konnte die Produktion auf jährlich vier Millionen Lampenzylinder und -glocken gesteigert werden. Auch in den 1920er und 1930er Jahren wurden Lampenschirme produziert, in geringerem Umfang, aber mit verbesserter Qualität. Ab 1953 war das neue Hauptprodukt der Glashütte der Gärballon. Am 30. September 1980 endete die Glasproduktion. Noch heute ist ein 20 Tonnen schwerer Glasblock in der eindrucksvollen Ofenhalle zu besichtigen, der nicht mehr verarbeitet werden konnte.

Bereits 1983 wurde die Gesamtanlage unter Denkmalschutz gestellt. Mit den Aktivitäten des 1991 gegründeten Vereins Glashütte e.V. begann die Erhaltungs- und Nutzungsgeschichte. Das neue Hüttengebäude von 1861 wurde restauriert und vermittelt heute als technisches Denkmal die Glasproduktion. Der 35 Meter hohe Schornstein zwischen dem Gasgenerator und der Glashütte ist zu einem markanten Wahrzeichen geworden. In einer ständigen Ausstellung werden die Geschichte der Glasproduktion, die schweren Arbeitsbedingungen der Glasarbeiter und ihre Lebensbedingungen veranschaulicht. In einer Sonderausstellung erfolgt die Würdigung des in Glashütte geborenen Reinholt Bürger. Er gilt als der Erfinder der Thermosflasche und der Vakuumtechnik. Seine Firma produzierte in Berlin von 1894 bis 1985.

Der Vierseithof in Luckenwalde

Haag 20, 14943 Luckenwalde
www.vierseithof.com; Hotel, Restaurant

TIPP

Im Umfeld des Vierseithofs sind mit einem Hutsymbol gekennzeichnete Hinweistafeln zur Industriegeschichte der Stadt aufgestellt worden.

Eine sehenswerte Dauerausstellung im Heimatmuseum Luckenwalde vermittelt die Entwicklung der Stadt und ihrer Industrie. Eine Broschüre des Heimatmuseums bietet Rundgangvorschläge an, die u. a. auch zu Orten der Brauereigeschichte und Spirituosenindustrie führen.

Das 1917 errichtete Bahnhofsgebäude wurde 2007/08 für die Stadtbibliothek umgebaut und mit einem modernen Anbau mit offener Verglasung zum Bahnhofsplatz ergänzt.

Luckenwalde kann auf eine eindrucksvolle Industriegeschichte zurückblicken. Seit 1680 gehörte die Stadt zu Brandenburg-Preußen. Die Initialzündung für eine frühindustrielle Entwicklung lieferte 1684 der Zeugmacher Christian Mauhl aus dem sächsischen Schandau, der in Luckenwalde ein Unternehmen zur Versorgung des preußischen Militärs ansiedelte. Weitere Tuch- und Zeugmacher folgten. Mit ideeller und finanzieller Unterstützung Friedrichs des Großen entstand von 1780 bis 1785 im Vierseithof die „Große Fabrik", die sich später zu einer Volltuchfabrik entwickelte.

1828 kam in Luckenwalde die erste Dampfmaschine zum Einsatz. Für die weitere Entwicklung als Industriestadt war entscheidend, dass Luckenwalde bereits 1841 an die Bahnlinie Berlin-Halle, die Anhalter Bahn, angeschlossen wurde. Ähnlich wie die Lausitzer Stadt Guben entwickelte sich Luckenwalde zu einem Zentrum der deutschen Hutproduktion. Neben der Textilindustrie sind u. a. ein Pianowerk und ein Feuerlöschgerätewerk sowie eine Papierfabrik von Bedeutung. Anfang des 20. Jahrhunderts gab es in der Stadt 19 Tuch- und 12 Hutfabriken.

Der Vierseithof hat eine bis in das Jahr 1781 zurückreichende Geschichte. 1781 erteilte Friedrich der Große dem Frankfurter Kaufmann Thomas de Vins die Konzession zum Betrieb einer Wollzeugmanufaktur. Der preußische Staat finanzierte zu großen Teilen die Errichtung der „Großen Fabrik", die 1785 fertig gestellt wurde. Die Fabrik wurde nach einer Absatzkrise 1806 an den Luckenwalder Tuchmacher Busse verkauft. Durch industrielle Produktionsmethoden und den Einsatz von Dampfmaschinen ab 1828 wurde die Busse'sche Textilfabrik zu einer der führenden Tuchfabriken Luckenwaldes. Ab 1853 übernahm die Firma Tannenbaum, Pariser & Co. das Unternehmen, das seitdem ständig ausgebaut wurde. Vor allem die Tuchproduktion für Uniformen sicherte das wirtschaftliche Überleben auch zu Kriegszeiten. Erst in den 1920er Jahren erhielt der Vierseithof seine heutige geschlossene Form. Nachdem in dem Komplex ab 1941 Volkswagen ein Reparaturwerk eingerichtet hatte, war ab 1946 wieder Textilfabrikation angesiedelt, bis die Produktion (VEB Volltuch Luckenwalde) 1990 abgewickelt wurde. Anschließend erfolgte die Sanierung des Vierseithofs. 1997 eröffnete ein Hotel mit Restaurant. Von den angrenzenden Fabrikgebäuden blieben die Maschinenhalle (heute Veranstaltungsbereich) und eine benachbarte Fabrikhalle (heute Bowlingbahn) erhalten.

Die Hutfabrik Herrmann, Steinberg & Co. in Luckenwalde

Industriestraße 2, 14943 Luckenwalde

TIPP

In der Gottower Straße 39-56 und am Upstallweg 1-12 ist die noch vor dem Fabrikbau nach Mendelsohns Plänen entstandene Arbeitersiedlung zu sehen. Ein besonderes Charakteristikum ist die ursprüngliche Farbgebung der 18 Reihenhäuser und sechs Doppelhäuser, die aus der Entstehungszeit erhalten sind bzw. inzwischen wiederherstellt wurden.

Das in der Rudolf-Breitscheid-Straße 73 gelegene, 1964 still gelegte Elektrizitätswerk wurde 1912/13 errichtet und als Dampfkraftwerk betrieben. Nach 1964 diente es der Wärmeerzeugung, musste allerdings im Jahre 1992 seinen Betrieb einstellen. 1927/28 wurde in unmittelbarer Nachbarschaft des Elektrizitätswerks ein Stadtbad nach Plänen von Hans Hertlein errichtet. Es beeindruckt noch heute mit seiner im Stil des Neuen Bauens gestalteten Formgebung.

Nach der Fusion der Hutfabriken Gustav Herrmann und Friedrich Steinberg 1921 (2.000 Arbeiter produzierten in ihren Fabriken wöchentlich 6.000 Hüte) erhielt der noch junge, unbekannte Berliner Architekt Erich Mendelsohn den Auftrag, für das Unternehmen neue Fabrikgebäude zu planen. Bis 1923 entstanden an einem Industriegleisanschluss vier imposante, großzügig belichtete Produktionshallen mit einer Fläche von 8.000 Quadratmetern (Färbereihalle, Kessel- und Maschinenhaus, zwei Torhäuser). Mendelsohn verstand es, eine an die technische Funktion angepasste Architektur zu entwickeln. Damit setzte er neue Maßstäbe in der Industriearchitektur. Die einem Hut nachgebildete, 17 Meter hohe Dachhaube der Färbereihalle diente dem Abzug der beim Färben entstehenden giftigen Dämpfe über Lüftungsschlitze. Sie ist zum Wahrzeichen der größten Fabrik der Stadt geworden. Nach der Emigration der jüdischen Eigentümer wurde die Fabrik 1934 an die Norddeutsche Maschinenbau AG verkauft und die Dachhaube der Färbereihalle ein Jahr später abgerissen. Bis 1945 erfolgte in den Hallen die Produktion von Flugabwehrwaffen. Der VEB Wälzlagerwerk Luckenwalde nahm ab 1957 in den Hallen der Mendelsohn'schen Fabrik seine Produktion auf. In der ehemaligen Hutfabrik stellten bis 1990 1.000 Beschäftigte Kugellager her. Anschließend standen die Gebäude bis 2000 leer.

Nach Übernahme durch eine Berliner Firma, die hier beabsichtigt, eine Sortieranlage für Alt-Textilien einzurichten, wurde mit Unterstützung der Deutschen Stiftung Denkmalschutz das Gelände entrümpelt und dekontaminiert, die historische Bausubstanz gesichert und 2007 das Dach der Färbereihalle neu errichtet. Die Sanierungsarbeiten dauern noch an.

MANNIGFALTIGE INDUSTRIEKULTUR IN DER UNMITTELBAREN UMGEBUNG BERLINS
POTSDAM UND HAVELLAND

Baudenkmale aus dem 19. Jahrhundert erinnern in Potsdam an die frühe Industriealisierung. Der königliche Architekt Persius hat hier nicht nur Schloss- und Villenbauten, sondern auch markante Industriebauten errichtet.

In Brandenburg/Havel ist das ab 1953 auf Veranlassung der DDR-Regierung errichtete Stahlwerk, in dem heute ein Industriemuseum untergebracht ist, ein industriekultureller Anziehungspunkt. Auch heute noch wird Stahl in der Stadt Brandenburg/Havel produziert. Die Herstellung von Fahrrädern, Autos und Spielzeug wurde hingegen eingestellt. An diese Industrien erinnern jedoch inzwischen umgenutzte Gebäudekomplexe in der Brandenburger Innenstadt.

Insgesamt sind die Industrietraditionen im Havelland sehr vielfältig. Sie reichen von der Ziegelproduktion in Glindow über die Kunststoffherstellung in Werder/Havel bis zur optischen Industrie in Rathenow. Die Ansiedlung von Chemieindustrie geht auf die Rüstungsanstrengungen im Ersten Weltkrieg zurück. Die Industrieareale in Kirchmöser und Premnitz sind in der Pulverproduktion begründet. In Premnitz wurden aus Holz-Zellulose und Salpeter ab 1916 täglich bis zu 60 Tonnen Pulver hergestellt und ab 1919 ein bedeutender Zellfaserproduktionsstandort begründet.

Nicht zuletzt sind im Havelland seit den ersten Jahrzehnten des 20. Jahrhunderts bedeutende Infrastruktureinrichtungen für den Bahngüterverkehr errichtet worden. In Rangierbahnhöfen in Wustermark und Seddin bei Potsdam werden heute noch große Gütermengen für Berlin und Osteuropa umgeschlagen. In Kirchmöser entstand auf dem Areal der früheren Pulverfabrik schon ab den 1920er Jahren ein wichtiges Bahnreparaturwerk.

Das Pumpenhaus für Sanssouci (Moschee) in Potsdam

Breite Straße 28, 14471 Potsdam
www.spsg.de; Museum

TIPP

Potsdam hat drei weitere sehenswerte, von Ludwig Persius entworfene Pumpenhäuser zu bieten. Das Maschinenhaus im Park von Glienicke hat die Form einer italienischen Villa. Das Pumpenhaus im Park Babelsberg beherbergt eine Dampfmaschine des Industriepioniers Franz Anton Egells. Durch sie war die Bewässerung des kunstvoll nach Plänen von Hermann Fürst von Pückler-Muskau angelegten Parks möglich. Auch die heute als Gasthausbrauerei betriebene Meierei im Neuen Garten wurde 1843/44 von Persius als Pumpenhaus erbaut.

Ein herausragendes Industriedenkmal ist das Dampfmaschinenhaus für die Bewässerungspumpen der Parkanlagen von Sanssouci, das Ludwig Persius 1841 bis 1843 auf Wunsch des Königs Friedrich Wilhelm IV. in der Gestalt einer Moschee gebaut hat. Die damals malerische Lage an der Havelbucht mit den Sichtbeziehungen zur umgebenden Landschaft sollte durch eine architektonisch herausragende Form betont werden. Dabei waren die durch Napoleons Ägypten-Feldzug bekannt gewordenen Moscheen Kairos Vorbild. Der Schornstein bekam die Form eines Minaretts. Der Hauptbau wurde mit einer Tambourkuppel versehen. Das gesamte Gebäude ist mit farbig glasierten Ziegelbändern und orientalisierenden Formziegeln gestaltet. Eine Schlüsselrolle beim Bau spielte der Berliner Industriepionier August Borsig, der 1837 seinen eigenen Maschinenbaubetrieb gegründet hatte und durch diesen großen Staatsauftrag seinen Ruf begründete. Borsig war nicht nur Konstrukteur und Produzent der 85 PS starken Dampfmaschine, die bis dahin größte in Preußen, er legte auch den Grundriss der Gebäude fest. Die funktionale Gesamtkonzeption mit Maschinenraum, Kesselhaus und zwei Pumpenkammern war klar gegliedert.

Die Dampfmaschine betrieb 14 Wasserpumpen. Sie konnte täglich 6.000 Kubikmeter Wasser fördern und durch eine 1,8 Kilometer lange Druckleitung in das Becken auf dem Ruinenberg befördern. Von dort erfolgte die Verteilung des Wassers mittels einer Gefälleleitung. Damit konnte ein Projekt realisiert werden, an dem die von Friedrich dem Großen beauftragten Gartengestalter gescheitert waren: der Betrieb vielfältiger Wasserspiele mit hohen Fontänen im Park Sanssouci.

Das Dampfmaschinenhaus kann mit seinen im maurischen Stil gestalteten Innenräumen an Wochenenden der Monate Mai bis Oktober besichtigt werden. Das seit 1985 als Museum und technisches Denkmal zugängliche Dampfmaschinenhaus zeigt Pumpen, die inzwischen nicht mehr betrieben werden.

Die Persius-Dampfmühle in Potsdam

Zeppelinstraße 136, 14471 Potsdam
www.spsg.de; Büros, Restaurant

TIPP

Direkt neben der Dampfmühle befindet sich der denkmalgeschützte Gebäudekomplex des ehemaligen Städtischen Elektrizitätswerks mit einer Turbinenhalle aus der Erbauungszeit 1901/02 und einer Schaltwarte mit ovalem Grundriss aus dem Umbau 1930/31. Es wurde von Georg Klingenberg entworfen, dem damals maßgeblichen Kraftwerkskonstrukteur und AEG-Direktor. Es war eines der ersten Drehstromkraftwerke Deutschlands. Während 1999 an der Zeppelinstraße ein Neubau für ein Umspannwerk errichtet wurde, verfällt der Baukomplex des E-Werks zunehmend.

Die 1841 bis 1843 erbaute Dampfmühle der Königlich Preußischen Seehandlung wurde wie das Pumpenhaus für Sanssouci von Ludwig Persius erbaut. Eine leistungsstarke 40 PS Dampfmaschine trieb acht Mahlgänge an. Die Mühlenanlage ist als vier- bis fünfgeschossiger Gebäudekomplex konzipiert. Die Magazingebäude bilden dabei die Seitenflügel, das Mühlengebäude mit zinnenbekrönten Ecktürmen den Querriegel. Durch Nutzung britischer Mahltechnik konnte Mehl mit einer längeren Lagerfähigkeit hergestellt werden. Weithin sichtbares Kennzeichen der Anlage ist der zinnenbewehrte Schornstein mit umlaufender Galerie. Zur Straßenseite wurde ein Hof angelegt, den Beamtenwohnhäuser rahmten.

1871 übernahm die Reichsmilitärverwaltung die Gebäude und betrieb bis 1945 ein Heeresproviantamt mit Garnisonsbäckerei. Nach der Nutzung als Kaufhalle und Stadtbäckerei erfolgten ab 1992 umfangreiche Sanierungs- und Umbauarbeiten. Heute sind in dem Komplex Büros, Arbeitsgerichte und zwei Restaurants untergebracht (das größere Restaurant ist nach Persius benannt). Ein Gebäudeflügel wurde noch nicht saniert. Zwischen der ehemaligen Dampfmühle und dem Ufer ist ein Hotelneubau entstanden.

Die Lokomotivfabrik Orenstein & Koppel in Potsdam

Ahornstraße 28-32, 14482 Potsdam
leer stehend

TIPP

In der Nähe der Kuppelhalle der Lokomotivfabrik befindet sich der Filmpark Babelsberg. Im ältesten Großfilmstudio der Welt sind Filmateliergebäude von 1926 und Anfang der 1930er Jahre erhalten. Die Filmproduktion begann in Babelsberg ab 1912. Die Firma Bioscop errichtete 1911 ein erstes gläsernes Filmatelier. 1921 erfolgte die Übernahme durch die Ufa.

Ein Baufragment in der Friedrich-Engels-Straße 24 erinnert in Babelsberg an den einst eindrucksvollsten Bau des Stadtteils: die 1912 von Hermann Muthesius entworfene Seidenweberei Michel.

Zeitgleich mit der Waggonfabrik von Orenstein & Koppel in Spandau 1899 errichtet, ist dieser Fabrikkomplex aufgrund der heute noch erkennbaren Trennung von Vorfertigung und Endmontage bedeutsam. Ford hatte dieses Prinzip in den USA im Automobilbau eingeführt. Mittelpunkt der Anlage ist ein Kuppelbau, in dem die Endmontage stattfand. Die einzelnen Komponenten der Lokomotiven (vor allem Schmalspur- und Industriebahnen) wurden direkt in den angrenzenden Hallen hergestellt und sternförmig über Gleitbahnen der Endmontage zugeführt. Die architektonische Gestaltung der Gebäude steht im Gegensatz zur modernen Produktionsorganisation. Sie ist von neogotischen und neoklassizistischen Formen bestimmt und erinnert an einen Zirkusbau. Aus diesem Grund wurde dieser Fabrikkomplex im Volksmund auch „Babelsberger Zirkus" genannt. Nach der Demontage im Jahre 1945 wurden ab 1949 wieder Dampf-, später Diesellokomotiven gebaut. Die Schließung der Fabrik nach 1990 führte zum Abriss eines Großteils der Produktionsanlagen. Lediglich die sechseckige, zentrale Kuppelhalle mit freitragender Stahlkonstruktion blieb erhalten. Sie ist von hoher architektonischer Qualität, verfällt aber aufgrund des Leerstands zunehmend.

Das KulturGewerbeQuartier Schiffbauergasse in Potsdam

Schiffbauergasse, 14467 Potsdam
www.schiffbauergasse.de

TIPP

Das Areal rund um das Körnermagazin (ein nach Entwürfen des Hofarchitekten Ludwig Persius mit Zinnen gekrönter Bau) in der Speicherstadt am Brauhausberg ist seit mehr als zehn Jahren ungenutzt dem Verfall ausgesetzt. Die stadteigene Baugruppe „Pro Potsdam" plant gemeinsam mit anderen Grundstückseignern eine Nutzung als Wissenschafts-, Gewerbe- und Wohnstandort.

Auf dem früheren Industrie- und Militärgelände nahe der Innenstadt konnten sich am Ufer der Havel seit 1992 zahlreiche Künstler- und Kulturinitiativen sowie Industrie- und Gewerbebetriebe etablieren. Potsdams neuer Kultur- und Gewerbestandort wird u. a. geprägt vom Hans-Otto-Theater, vom Volkswagen Design Center Potsdam sowie vom Software-Konzern Oracle.

Die Bauten an der Schiffbauergasse erinnern sowohl an die Militärgeschichte als auch an die Industriegeschichte Potsdams. Auf dem zunächst als Holzlagerplatz vor den Toren der Stadt genutzten Gelände wurde 1799 eine „Zichorien Fabrique" ausgewiesen. Aus gerösteten Wurzeln der Wegwarte (Chicorée) erfolgte die Herstellung von Ersatzkaffee. In unmittelbarer Nähe wurden von 1807 bis 1821 Dampfschiffe gebaut. 1856 bis 1907 produzierte in der Schiffbauergasse eine Dachpappenfabrik. Das 1817 als Gasanstalt gegründete Steinkohlegaswerk war bis 1990 in Betrieb. Die frühere Maschinenhalle des Gaswerks ist heute als „fabrik Potsdam" ein „Internationales Zentrum für Tanz und Bewegungskunst". Der 1953 bis 1956 gebaute, architektonisch herausragende ehemalige Koksseparator des Gaswerks (ein ursprünglich 30 Meter hohes Klinkergebäude) ist 2002/03 für den Software-Konzern Oracle entkernt und mit einem zweistöckigen Aufbau und Treppenhaus ergänzt worden.

Der denkmalgeschützte Gasometer ist in den Neubau des Hans-Otto-Theaters integriert worden. In der ehemaligen Zichorien-Mühle befindet sich auf drei Etagen ein Restaurant.

Das Design Center Potsdam der Volkswagen AG hat sich auf dem Areal mit einem Neubau angesiedelt und nutzt auch die 1848 erbaute Villa des Zuckersiedereibesitzers Tummeley.

Im Sommer 2008 wurde die Sanierung der Veranstaltungsorte des Waschhaus e. V. abgeschlossen. Im früher als Wäscherei genutzten Gebäude sowie in ehemaligen Reitställen stehen jetzt als „Club", „Kesselhaus", „Arena" und „Saal" unterschiedlich große Veranstaltungsräume zur Verfügung. Die „Schinkelhalle", eine von Karl Friedrich Schinkel mitgeplante ehemalige Exerzierhalle, steht im Mittelpunkt größerer Events. Auch ein Kunstraum, der vorrangig Künstler der Fluxus-Bewegung präsentiert, ist hier angesiedelt.

Waschhaus Potsdam im
KulturGewerbeQuartier Schiffbauergasse

Die Vulkanfiber-Fabrik in Werder/Havel

Adolf-Damaschke-Straße 56-58, 14542 Werder/Havel
Berufsförderwerk, diverse Kleinbetriebe, Marina

TIPP

Das Zweirad- und Technikmuseum Werder (Mielestraße 2, 14542 Werder/Havel) bietet Informationen und Ausstellungsstücke zur Geschichte des Flugplatzes Werder sowie zur Flugzeugtechnik. Auch 50 Fahrräder aus zwei Jahrhunderten, 65 Gebrauchs- und Sportmotorräder vom Baujahr 1918 an sind hier zu sehen.

Diese nach Plänen der Industriearchitekten Paul Tropp und Richard Schubert 1916 bis 1939 angelegte Fabrik ist die älteste Vulkanfiber-Fabrik in Deutschland. Vulkanfiber ist der älteste natürliche Kunststoff (Baumwolle- und Zellulosefasern werden mit Zink oder Schwefelsäure bearbeitet) und lässt sich sehr vielfältig verwenden. In den roten Klinkerbauten erfolgte die Herstellung von ca. 4.000 Produkten. Die Vulkanfiber-Platten wurden u. a. zu Koffern, Behältern, Röhren und Teilen für den Maschinenbau sowie die Elektroindustrie verarbeitet. 1936 bis 1938 erfolgte die Einbeziehung in die Hochrüstung des Dritten Reichs. Der VEB Vulkanfiber deckte ab 1948 den gesamten Bedarf der DDR und exportierte in 30 Länder. Bis zur Stilllegung 1992 war hier eine 1896 in den USA hergestellte Wickelmaschine als Kernstück der Produktionsanlagen im Einsatz. Der Fabrikkomplex besteht aus zahlreichen Funktionsgebäuden (Endfertigungshalle, Trockenkammern, Entsalzungshalle, Papierlagerhalle), einem Sozialgebäude mit Kantine und dem 1933 errichteten Verwaltungsgebäude. Die Gebäude werden inzwischen von mehreren kleineren Firmen, einem Berufsförderwerk und einer Marina am Ufer genutzt.

Die Ziegelei in Glindow

Alpenstraße 47, 14542 Werder/Havel OT Glindow
www.ziegeleimuseum-glindow.de, www.technikmuseen.de/glindow
www.ziegelmanufaktur.com

TIPP

20 Kilometer südlich von Glindow ist nahe des Beelitzer Ortsteils Schönefeld das Gebäude der 1928 von Telefunken aufgebauten Überseefunkempfangsstelle erhalten geblieben (heute Tierpension).

Im Ortsteil Beelitz-Heilstätten stehen die Bauten der ab 1898 von der Landesversicherungsanstalt Berlin bis 1928 ausgebauten Arbeiter-Lungenheilstätten unter Denkmalschutz. Das imposanteste Bauwerk der Heilstätten, das Heizkraftwerk, war die erste Fernheizkraftanlage in Deutschland, die nach dem Prinzip der Kraft-Wärme-Kopplung funktionierte.

Südwestlich von Potsdam am Glindower See befand sich in der zweiten Hälfte des 19. Jahrhunderts eines der Zentren der Ziegeleiproduktion in Berlin-Brandenburg. Die reichen Tonvorkommen in dieser Gegend machten den Betrieb von 48 Ziegeleien mit mehr als 50 Ringöfen möglich, die vor allem die charakteristischen gelben Ziegel produzierten. Da die Tonvorkommen schon ab 1900 größtenteils erschöpft waren, wurden die Öfen fast vollständig abgebaut. Lediglich zwei um 1868 gebaute Ringöfen sind noch erhalten.

Seit 1990 werden in der Glindower Ziegelei GmbH wieder hochwertige handgestrichene Ziegel, u. a. für die Denkmalpflege, hergestellt. Die beiden Öfen repräsentieren die erste Generation Hofmann'scher Ringöfen.

Wahrzeichen der Glindower Anlage sind ein 35 Meter hoher Schornstein sowie ein achteckiger, reich mit Ziegelornamenten geschmückter Turm, der im Jahre 1890 zu Werbezwecken gebaut wurde. In ihm befindet sich seit 1997 das Märkische Ziegeleimuseum. In den einzelnen Geschossen und einer zusätzlich eingebauten Galerie werden historische Dokumente und Geräte, Modelle und Ziegeleiprodukte gezeigt. Die großen Fenster des Turms bieten eine reizvolle Aussicht auf die Ziegelei und die umgebende Seenlandschaft. Die so genannten „Glindower Alpen" entstanden aus den Abraumhalden der Tongruben.

Die Großfunkstation in Nauen
Graf-Arco-Straße 154, 16641 Nauen
Überwachung des Rundfunksendebetriebs durch die Deutsche Telekom

Die Großfunkstation geht auf eine schon 1906 errichtete Funkstation zurück. Erbauer war die Gesellschaft für drahtlose Telegrafie, ein Gemeinschaftsunternehmen von AEG und Siemens & Halske, später unter dem Firmennamen Telefunken bekannt. Von Nauen aus wurde ab 1917 bis 1990 zweimal täglich das Nauener Zeitzeichen gesendet. Hermann Muthesius, Mitbegründer des Deutschen Werkbunds, entwarf den eindrucksvollen Klinkerbau, der 1920 als Sendestelle für den Überseeverkehr in Betrieb genommen wurde. Charakterisiert ist der zentrale Hauptbau, der sich in einem großen Kühlwasserbecken spiegelt, durch die Fensterfront in der Hauptfassade. Hier standen die Hochfrequenzmaschinen und Gleichstromgeneratoren zur Sicherstellung des Sendebetriebs. In den symmetrisch angelegten Flügelbauten waren die Tonfunkstation und der Telegrafierbetrieb untergebracht. Auch die Torhäuser an der Zufahrt der Sendeanlage und die Siedlung für die Angestellten an der nahegelegenen Landstraße sind von Hermann Muthesius entworfen worden. Die Großfunkstation in Nauen ist der einzig erhaltene Industriebau dieses Architekten.

Bis 1945 war der Kurz- und Langwellensender Nauen von einer Drahtantenne geprägt, die eine Fläche mit 2,5 Kilometern Durchmesser überspannte. Die Tragmasten, die bis zu 260 Meter hoch waren, gehörten zu den höchsten Bauwerken Europas. 1945 wurden diese Anlagen demontiert und das Sendegebäude zeitweise als Kartoffellager genutzt. Ab 1954 begann in Nauen der Wiederaufbau der Sendeanlagen, insbesondere für Rundfunk und andere Funkdienste im Kurzwellenbereich. Beim Ausbau des Kurzwellenzentrums entstand eine 70 Meter hohe Drehstandantenne, die heute unter Denkmalschutz steht. Nach 1990 erfolgte die Demontage zahlreicher Sendeeinrichtungen. Allerdings wurden zwischen 1995 und 1997 in Nauen auch vier neue drehbare Antennen, die so genannten ALISS-Antennen, errichtet. Sie sind 80,50 Meter hoch und haben eine Spannweite von 87 Metern.

Heute überwacht die Deutsche Telekom in der ehemaligen Großfunkstation den Sendebetrieb für die Auslandsprogramme der Deutschen Welle.

Das Landgut Borsig in Groß Behnitz

Behnitzer Dorfstraße 29-31, 14641 Nauen OT Groß Behnitz
www.landgut-borsig.de; Café, Hotel, Standesamt

Im Nauener Ortsteil Groß Behnitz ist das Landgut Borsig als revitalisiertes Baudenkmal zu besichtigen. Der Sohn des bedeutenden Industriepioniers August Borsig, Albert Borsig, übernahm 1868 das Schloss und Gut des Adligen Itzenplitz am Groß Behnitzer See, ließ das Schloss neu erbauen und mit den Sandsteinskulpturen des Oranienburger Tors in Berlin das Schlosstor neu gestalten. Die Borsigs bewirtschaftete ihr Landgut als Betriebsteil der A. Borsig Maschinenbauanstalt nach modernsten landwirtschaftlichen Methoden und bauten es zum Mustergut mit agrarindustrieller Produktion aus. Das rote Ziegelmauerwerk mit

TIPP

Im Nauener Ortsteil Ribbeck ist neben dem restaurierten Schloss die ehemalige Gutsbrennerei sehenswert. In diesem um 1850 erbauten und 2006 restaurierten Gebäude wurde für industrielle Zwecke Alkohol produziert. Heute werden Produkte rund um die Birne hergestellt und verkauft (www.ribbeck-havelland.de).

Schmuckelementen aus Terrakotta entsprach der industriellen Fabrikarchitektur der Borsig-Werke in Berlin. Im Brennereigebäude und Heizhaus wurden Dampfmaschinen eingesetzt sowie eine Kühlanlage installiert. Auf den Äckern arbeiteten Dampflokomobile und Heißdampfpflüge. Es wurde ein Bahnhaltepunkt und 1869 ein Bahnhof an der Berlin-Hamburger Bahn eingerichtet.

Als Architekt des Ensembles (Verwalter- und Kutscherhaus mit Turm als Wahrzeichen, Kornspeicher und Brennerei, Rinder- und Kälberstall, Schloss und Logierhaus) wird der Schinkel-Schüler Johann Heinrich Strack angesehen, der für die Borsigs auch in Berlin tätig war. 1919 wurden dem bedeutenden Industriearchitekten Eugen Schmohl die Schmiede und Remise als Erweiterungsbauten übertragen. 1941 kam es zur Verlegung der IG-Farben-Verwaltung nach Groß Behnitz. Von 1941 bis 1943 wurde Groß Behnitz zu einem wichtigen Tagungsort der Widerstandsgruppe um den Kreisauer Kreis. Ernst von Borsig nahm Verwandte der Widerständler bei sich auf. Nach Ende des Krieges wurde Ernst von Borsig von russischen Truppen verhaftet. Er starb im September 1945 in einem sowjetischen Internierungslager.

Nach einem Dachstuhlbrand wurde das Schloss in der Gründungszeit der DDR abgerissen und die restlichen Gebäude von einer LPG genutzt. Nach Leerstand ab 1990 hatte 2000 ein Privatinvestor das Landgut übernommen und saniert es seit 2003 in enger Abstimmung mit den Denkmalschutzbehörden. 2008 ist im ehemaligen Kälberstall das Café „Seeterrassen" und im historischen Logierhaus ein kleines Hotel eröffnet worden. Nach Abschluss der Sanierung ist die Nutzung der früheren Brennerei (mit einer originalen Borsig-Dampfmaschine) und des Kornspeichers zur Vermarktung der Gutserzeugnisse vorgesehen.

Durch die Renovierung dieses ehemaligen agrarindustriellen Musterguts ist ein herausragendes Bauensemble des Schinkel-Schülers Strack als lebendiges Denkmal der Öffentlichkeit zugänglich gemacht worden.

Der Verschiebebahnhof in Elstal

14641 Wustermark OT Elstal
www.historia-elstal.de

Da sich der stark angewachsene Rangierverkehr des Güterverkehrs der Lehrter und Hamburger Bahn im Berliner Stadtgebiet nicht weiter ausbreiten konnte, wurde 1907 bis 1909 westlich von Berlin in Wustermark OT Elstal ein Rangier- und Verschiebebahnhof mit Eisenbahnersiedlung errichtet. Er hatte eine Länge von 34,5 Kilometern. Die Energieversorgung erfolgte durch ein modernes Dieselkraftwerk, das heute noch mit einem 100 PS-Zweizylinder-Dieselmotor (Breslauer Maschinenbau AG), einem Siemens-Drehstromgenerator und einer Schaltanlage als Technikdenkmal erhalten ist. Nach der Eröffnung im Mai 1909 erfolgte bis 1920 die Ergänzung durch ein Bahnbetriebswerk mit zwei Ringlokschuppen, zwei Drehscheiben und einem 56 Meter hohen Wasserturm. Der Verschiebebahnhof hatte die Aufgabe, die Güterströme aus dem Ruhrgebiet und den Überseehäfen nach Ost- und Süddeutschland zu verteilen. Mit Erreichen seiner Endausbaustufe 1938 gehörte er zu den zehn größten Güterbahnhöfen Deutschlands.

Im April 1945 wurde die Anlage zerstört. Der südliche Teil ist anschließend nicht wiederaufgebaut worden. In der DDR hatte der Rangierbahnhof mit täglich 50 Güterzugauflösungen und -neubildungen eine wichtige Funktion. Täglich gingen rund 1.800 Güterwaggons über den so genannten Ablaufberg. Als Rangierbahnhof mit früher 1.200 Beschäftigten hat die Anlage heute keine Bedeutung mehr. Viele Funktionen sind zum Cargo-Bahnhof Seddin bei Potsdam verlagert worden. Inzwischen hat ein privater Investor große Teile des Areals gekauft. Er beabsichtigt, die Anlagen als Eisenbahninfrastruktureinrichtung privaten Eisenbahnunternehmen zur Nutzung anzubieten.

Die noch vorhandenen denkmalgeschützten Anlagen und Bauten, einschließlich der Eisenbahnersiedlung, sind heute ein wichtiges Zeugnis der Eisenbahngeschichte, die in enger Beziehung zur Industriegeschichte Berlin-Brandenburgs steht. Die Eisenbahnersiedlung Elstal wurde ab 1919 bis 1938 u. a. nach Plänen des Architekten Richard Brademann nach dem Gartenstadtprinzip erbaut. Zu jeder der 400 in Reihenhäusern untergebrachten Wohnungen gehört ein 400 Quadratmeter großer Nutzgarten.

Der Verein „Historia Elstal" bietet Führungen über den Rangierbahnhof und die Eisenbahnersiedlung an.

Die Industriedenkmale in Brandenburg/Havel

TIPP

Das Heimatmuseum im barocken Frey-Haus, Ritterstraße 96, zeigt seit 1923 u. a. die über 100-jährige Geschichte der Brandenburger Spielzeugherstellung mit zahlreichen Exponaten. Es wird die gesamte Produktionspalette der ehemals weltweit bekannten Blech- und Lineolspielzeugfabrikation gezeigt.

In der Plauer Straße 6 erinnert das 1901/02 nach Entwürfen Bruno Möhrings umgebaute Büro- und Wohnhaus des Spielzeugfabrikanten Ernst Paul Lehmann, ein herausragender Jugendstilbau mit erhaltener Innenausstattung, an die 1881 gegründete Blechspielwarenfabrik, in der auch zu DDR-Zeiten Spielzeug produziert wurde.

Teile der ab 1895 als Stockwerksfabrik erbauten Spielzeugfabrik sind in der Klosterstraße 6-11 erhalten und werden von der Stadtverwaltung genutzt.

Die Stadt Brandenburg/Havel ist durch die DDR-Schwerindustrie bekannt. Das Industriemuseum in einer Halle des früheren Stahlwerks erinnert an diese Tradition. Doch auch Deutschlands größte Automobilfabrik (bis 1925) war nahe des Stadtzentrums angesiedelt. Über 8.000 Arbeiter der Brennabor-Werke produzierten am Fließband in Großserien elegante Limousinen und Cabriolets, die zum Straßenbild in der Weimarer Republik gehörten. 1871 begann in der kleinen Werkstatt der Brüder Reichstein die Produktion von Kinderwagen. Ab 1880 erfolgte die Herstellung von Fahrrädern. Insgesamt wurden 1900 in den sieben Fahrradfabriken in Brandenburg 70.000 Fahrräder produziert, davon 40.000 bei Brennabor.

Ab 1903 kam die Herstellung von Motorrädern hinzu, ab 1905 Automobile. Das Werk führte 1924 in Deutschland erstmals das amerikanische Fließbandsystem in den Produktionsprozess ein. Mit der Weltwirtschaftskrise 1929 begann der schrittweise Niedergang für die Brennabor-Automobile. Das endgültige Aus kam 1934. Bis dahin waren in Brandenburg insgesamt 70.000 Fahrzeuge hergestellt worden. In der NS-Zeit wurde Brennabor schon früh in die Rüstungsproduktion einbezogen. Brandenburg wurde mit den Arado-Flugzeugwerken, dem Opel-Lastkraftwagenwerk und dem Havelwerk als Teil der Reichswerke „Hermann Göring" zu einem Zentrum der nationalsozialistischen Rüstungsindustrie.

Der am Rand der Innenstadt (Geschwister-Scholl-Straße 10-13) gelegene Fabrikkomplex von Brennabor veranschaulicht die Entwicklung des Industriebaus ab 1888. Die ältesten Bauteile sind schlicht gestaltet, gefolgt von repräsentativen Bauten mit historistischen Formen aus der Zeit bis 1919 und sachlichen Bauten der 1920er Jahre. Das am Schleusenkanal gelegene Brennabor-Heizwerk von 1912 war der erste Stahlbetonbau in Brandenburg. Nach Ende der industriellen Produktion auf dem Brennabor-Areal ist der Komplex in den 1990er Jahren renoviert worden. Neben einem Café, Einzelhandelsgeschäften und der Agentur für Arbeit wurde mit dem Stadtarchiv und der Kunsthalle Brennabor eine kulturelle Nutzung erreicht. Auch die Villa der Brennabor-Gründer (St. Annen-Promenade) und das Verwaltungsgebäude der Brennabor-Werke (Kirchhofstraße 17) konnten einer neuen Nutzung zugeführt werden. Alljährlich wird im August mit einer Oldtimerrallye an Brandenburgs Automobiltraditionen erinnert.

Das Industriemuseum in Brandenburg/Havel

August-Sonntag-Straße 5, 14770 Brandenburg/Havel
www.industriemuseum-brandenburg.de

TIPP

Auch das 1925/26 erbaute Hauptverwaltungsgebäude des Stahlwerks in der Magdeburger Landstraße ist noch erhalten. Der repräsentative dreigeschossige Klinkerbau bildet mit vorgelagerten Garagenbauten eine Dreiflügelanlage, die vom vorgezogenen Eingangsbereich geprägt wird.

Das Industriemuseum im ehemaligen Stahlwerk zeigt am authentischen Ort Technik- und Industriegeschichte. Das Werk wurde ab 1912 auf Initiative des westfälischen Industriellen Rudolf Weber am Silokanal errichtet. 1914 erfolgte der erste Stahlabstich an einem Siemens-Martin-Ofen. Die gute Verkehrsanbindung und Nähe zur Industriemetropole Berlin ließ das Stahlwerk schnell wachsen. Berlin lieferte einerseits Schrott als Rohstoff für die Stahlherstellung und bot andererseits expandierende Absatzmöglichkeiten. In der Zeit der Weimarer Republik begannen die Erweiterungsinvestitionen. 1926 übernahmen die „Mitteldeutschen Stahlwerke AG" von Friedrich Flick das Werk. Im Zuge des nationalsozialistischen Vierjahresplans zur Kriegsvorbereitung ab 1936 nahm die Rüstungsproduktion gigantische Ausmaße an. 1944 wurden bis zu 500 Panzer monatlich vorgefertigt. Obwohl das Stahlwerk im Zweiten Weltkrieg nicht zerstört wurde, musste es aufgrund sowjetischer Demontagen völlig neu gebaut werden. Bis 1953 ließ die DDR-Regierung die alten Produktionshallen sprengen und ein neues Stahlwerk und Walzwerk errichten. Eine neue Stahlwerkhalle, 420 Meter lang und 33 Meter hoch, wurde gebaut. Mit einer durchschnittlichen Jahresleistung von 2,7 Millionen Tonnen war das Stahl- und Walzwerk Brandenburg (SWB) in den 1980er Jahren der größte Rohstahlproduzent der DDR mit 10.000 Beschäftigten.

In den 1990er Jahren konnte im Gegensatz zu den anderen großen Stahlwerken in Hennigsdorf und Eisenhüttenstadt kein Investor zur Übernahme und weiteren Modernisierung des Hauptwerks gefunden werden. Das Werk wurde Ende 1993 geschlossen. 1994 bis 1996 erfolgte der Abriss der elf charakteristischen Stahlwerksschornsteine sowie die Sprengung der fünf Tieföfenschornsteine. Der westliche Teil der Stahlwerkshalle wurde für eine museale Nutzung saniert und umgebaut. Kernstück des Museums ist der letzte in Westeuropa erhaltene Siemens-Martin-Ofen. Auf dem Gelände des ehemaligen Stahlwerks siedelten sich mehr als 100 neue Unternehmen an. Auf dem Areal eines südlich des Stichkanals gelegenen ehemaligen Zweigwerks wird seit 1992 von der RIVA-Gruppe weiterhin noch Stahl produziert.

Die Pulverfabrik und Eisenbahnwerkstätten in Kirchmöser

14774 Brandenburg / Havel OT Kirchmöser
www.kirchmoeser-pek.de

75

TIPP
Der Industrie- und Gewerbeverein Kirchmöser hat am Nordtor in der Nähe der Seegartenbrücke eine Ausstellung zur Geschichte des Areals eingerichtet und bietet Rundgänge einschließlich Besteigung des Wasserturms an.

Im westlich der Stadt Brandenburg/Havel gelegenen Ortsteil Kirchmöser entstand aufgrund des gewaltigen Munitionsbedarfs im Ersten Weltkrieg ab November 1914 in nur einjähriger Bauzeit eine der größten staatlichen Pulverfabriken Deutschlands, die „Königlich-Preußische Pulverfabrik bei Plaue (Havel)". Wegen der Explosionsgefahr wurden pavillonartig die Schießwollpulver- und Nitroglyzerinpulverfabrik, die Pulverlager- und Vermengungsgebäude in großen Abständen zueinander errichtet. Westlich der Pulverfabrik entstand 1915 ein Feuerwerkslaboratorium („Militärisch-technische Institute bei Plaue/Havel"), ein palaisartiger Bau mit flankierenden Torbauten und Säulenhof. Im Feuerwerkslaboratorium und in der Pulverfabrik wurden von bis zu 4.000 Arbeitern und 2.000 Kriegsgefangenen Pulver und Zünder für verschiedene Munitionsarten und Granatenteile produziert. 32 Kilometer Gleisanlagen, ein Hafen, ein 65 Meter hoher Wasserturm und ein Kraftwerk entstanden. Die am 1. Juli 1915 in Betrieb gegangene Kraftwerkturbine und Kessel sind nach umfassender Restaurierung und Modernisierung z. T. heute wieder in Betrieb. 1.000 Wohnungen, Villen für höhere Angestellte und Offiziere sowie mehrere Barackenlager für Kriegsgefangene wurden errichtet. Insgesamt entstanden in der ersten Bauphase auf dem Areal 400 Fabrikbauten und Gebäude für 172 Wohnungen.

1919 mussten aufgrund der Bestimmungen des Versailler Vertrags die Pulverfabrik geschlossen und die technischen Anlagen demontiert werden. Für die als Aktiengesellschaft aus den früheren Länderbahnen gegründete Reichsbahn erfolgte die Umwandlung in das „Eisenbahnwerk Brandenburg-West". 2.800 Arbeiter warteten und reparierten in Werkstätten der ehemaligen Pulverfabrik und in einer 1922 neu erbauten, 310 Meter langen fünfschiffigen Halle Lokomotiven und Waggons. Das Bahnwartungswerk war damals das modernste in Europa. 1943 erfolgte der Abbau der Einrichtungen des Eisenbahnwerks zugunsten der Rüstungsindustrie.

1945 besetzte die Rote Armee das von Kriegsschäden weitgehend unbeschädigt gebliebene Eisenbahnwerk und nutzte es teilweise bis 1993 als Panzerreparaturwerkstatt. Ab 1946 war auch die Reichsbahn wieder Teilnutzer der Gebäude. Hinzu kamen Anfang der 1950er Jahre als Werksteil des Stahl- und Walzwerks Brandenburg eine Feinstahl- und Grobblechwalzstraße (u. a. wurden hier Federn für „Trabant"- und „Wartburg"-Autos hergestellt) sowie ein Bahnweichenwerk, das weltweit Weichen exportierte. 1991 übernahm die Deutsche Bundesbahn/Deutsche Bahn AG das Werk für Gleisbaumechanik, zog sich aber schon 1993 fast vollständig aus Kirchmöser zurück. Alle dort angesiedelten ehemaligen Betriebsteile der Bahn wurden ausgegliedert und privatisiert. Das Areal ging 2003 auf die Stadt Brandenburg/Havel über. Nach einer aufwändigen, z. T. noch andauernden Altlastensanierung, Teilabrissen, aber auch der Instandsetzung historischer Fabrikbauten ist das Gelände heute ein Industrie- und Gewerbepark, der als Kompetenzzentrum Bahntechnik an die vorhandenen Traditionen anknüpft.

76 Die Zeugnisse der optischen Industrie in Rathenow

Märkischer Platz 2, 14712 Rathenow (Optikindustriemuseum)
www.oimr.de

Rathenow gilt nicht erst seit der DDR als Stadt der optischen Industrie. Vor allem das 2009 im „Optikpark" aufgestellte Brachymedial-Fernrohr ist ein zentrales Zeugnis für die umfassende, mehr als 200 Jahre währende optische Industrietradition der Stadt. Dieses Fernrohr mit einer Gesamthöhe von 13,35 Metern und einer Tubuslänge von 10,15 Metern ist eines der größten Instrumente dieser Art. Es nimmt eine Mittelstellung zwischen den Linsen- und Spiegelteleskop-Fernrohren ein und wurde 1953 von Edwin Rolf, einem Rathenower Instrumentenbauer und Amateurastronomen, fertig gestellt. Die Beobachtung von tief im Ho-

TIPP

15 Kilometer nördlich von Rathenow erinnert in Gollenberg-Stölln ein Denkmal und ein als Museum dienender sowjetischer Langstreckenjet vom Typ IL 62 an den Flugpionier Otto Lilienthal. Seit 1894 nutzte der Berliner Industrielle Lilienthal den Gollenberg regelmäßig als Ausgangspunkt für Erprobungsflüge seiner Flugapparate. Auch nach seinem Absturz am 9. August 1896 blieb der Gollenberg stets beliebter Ausgangspunkt für Segel- und Motorflieger. Voraussichtlich ab 2010/11 wird es in Gollenberg-Stölln ein „Lilienthal-Centrum" geben.

rizont stehenden Planeten wie Mars, Jupiter und Saturn konnte damit deutlich verbessert werden.

Die über 800 Jahre alte Stadt Rathenow wird als Wiege der optischen Industrie in Deutschland bezeichnet. Der in Rathenow geborene, studierte Theologe Johann Heinrich August Duncker entwickelte hier die erste Vielschleifmaschine zur rationellen Herstellung von Brillengläsern (elf Linsen konnten damit gleichzeitig geschliffen werden) und begründete 1801 (50 Jahre vor Carl Zeiss in Jena) mit seinem Unternehmen „Königlich privilegierte Optische Industrie-Anstalt" die optische Industrie in Rathenow. Sein Sohn Eduard Duncker erweiterte das Sortiment der Brillen um optische Instrumente. Er stellte u. a. Mikroskope, Fernrohre, Operngläser und Lupen her und vertrieb sie über ein professionell vernetztes Verkaufssystem an 300 Abnehmer im In- und Ausland. 1845 übernahm Emil Busch, ein Neffe von Eduard Duncker, die Leitung des Betriebs und setzte schon 1846 die erste Dampfmaschine zum Antrieb von Schleifmaschinen ein. Schon bald siedelten sich weitere optische Firmen in der Stadt an. 1896 gab es in Rathenow 163 Unternehmen der optischen Industrie. Der Name „Stadt der Optik" wurde populär. Bis 1945 hatte die optische Industrie in Rathenow mit einer Jahresproduktion von 8 Millionen Brillengläsern im Deutschen Reich einen Marktanteil von 60 Prozent. Nach dem Zweiten Weltkrieg wurden die „Rathenower Optischen Werke (ROW)" als Volkseigener Betrieb gegründet. Ab 1958 schlossen sich mehrere kleinere Unternehmen zu einer Produktionsgenossenschaft zusammen und stellten ab 1972 als Teilbetrieb des Kombinats Zeiss-Jena augenoptische Produkte her. Aus dem Zusammenschluss der beiden großen Betriebe entstand 1980 der VEB Rathenower Optische Werke „Hermann Duncker". Bis 1989 war dieser Betrieb mit ca. 4.400 Mitarbeitern alleiniger Hersteller von Brillen in der DDR. Nach der deutschen Währungsunion und dem Beitritt zur Bundesrepublik Deutschland brachen die Export-Märkte schlagartig weg. Einer der Marktführer für Brillenproduktion und -handel in Deutschland, die Firma Fielmann AG, übernahm Anfang der 1990er Jahre Teile der „Rathenower Optischen Werke (ROW)".

Die im Kompetenzzentrum Optik Rathenow zusammengeschlossenen kleineren Betriebe der optischen Industrie führen inzwischen erfolgreich die Tradition der optischen Industrie fort. Das Optikindustriemuseum bietet anhand von mehr als 1.000 optischen Instrumenten und anderer Exponate einen umfassenden Überblick zur Produktgeschichte der optischen Industrie (von Brillen über Ferngläser und Mikroskope bis zu Linsen für Fotoapparate). Darüber hinaus wird die Unternehmensgeschichte wichtiger Betriebe in Rathenow dargestellt. Mittelpunkt der Ausstellung ist ein Nachbau der Duncker'schen Vielschleifmaschine.

Die Denkmale der Chemieindustrie in Premnitz

14727 Premnitz
zum Teil leer stehend (Kraftwerk, Werkshallen)

Neben den Resten der 1916 bis 1918 erbauten Hafenbahnbrücke ist der Wasserturm im Gewerbegebiet einer der Wahrzeichen von Premnitz. Er steht für die 100-jährige Industriegeschichte der Stadt. Dieser einem Leuchtturm ähnliche, behelmte Wasserturm wurde 1915/16 errichtet und diente den Betriebsanlagen der Schießpulverfabrik und später der Zellwoll- und Chemiefaserproduktion (1915 von den Vereinigten Köln-Rottweiler Pulverfabriken gegründet, ab 1925 Teil von I. G. Farben) als Brauchwasserspeicher. Als Zeugnisse der Chemieindustriegeschichte sind in dem ausgedehnten Gelände an der Fabrikenstraße neben den restaurierten Gebäuden des Wasserturms und der villenartigen ehemaligen Verwaltungzentrale der Chemiefaserfabrik (siehe Abbildung) der Baukomplex des ehemaligen Kraftwerks zu sehen.

Die erste von 1915 bis 1920 als Gartenstadt angelegte Arbeitersiedlung „Alte Kolonie" in der Liebfrauen- und Beethovenstraße mit ihren beschaulichen Mansarddach-Häusern ist erhalten geblieben. Aus der Zeit von 1934 bis 1940, als die Kunstfaserproduktion in beträchtlichem Ausmaß vergrößert wurde, stammt die zweite Arbeitersiedlung, die I. G. Farben-Siedlung.

In der inzwischen zur Stadt Premnitz gehörenden Gemeinde Döberitz wurde 1916 zur kontinuierlichen Versorgung der Premnitzer Pulverfabrik von der Chemischen Fabrik Griesheim-Elektron eine Schwefelsäurefabrik gebaut. Auch sie wurde 1926 Teil von I. G. Farben. In den 1950er Jahren erheblich vergrößert, wurde das Werk Teil des größten Faserherstellers der DDR, dem VEB Chemiefaserwerk Premnitz. 1989 erfolgte die Schließung des Werks. Die in Backstein errichteten Verwaltungs-, Versorgungs- und Werksgebäude sind nur eingeschränkt zugänglich.

ZIEGELEIEN, NÄHMASCHINEN UND EISENBAHNTRADITIONEN
OBERHAVEL, RUPPINER LAND UND PRIGNITZ

Im nordwestlich von Berlin gelegenen Gebiet der Oberhavel hat die Industrieentwicklung eine lange Tradition. Im preußischen Residenzschloss Oranienburg wurde 1802 eine Baumwollweberei eingerichtet, 1814 gefolgt von einer Schwefelsäurefabrik, der ersten in Preußen, die nach dem Bleikammerverfahren produzierte. 1833 übernahm die Staatsbank Preußische Seehandlung diese Fabrik als „Chemische Produkten Fabrik zu Oranienburg". Im selben Jahr entdeckte der als technischer Leiter der Fabrik tätige Chemiker Friedrich Ferdinand Runge im Steinkohlenteer das Anilin und die Karbolsäure, Ausgangsstoffe für die Arznei-, Farb- und Kunststoffproduktion. 1835 wurden in der Fabrik die ersten Stearinkerzen hergestellt. 1848 kam es zur Verlegung der Produktionsstätten aus dem Schloss auf das Mühlenfeld. Ab 1912 war in Oranienburg eine Fabrik für Stahlfedern angesiedelt. Das daraus entstandene Kaltwalzwerk Oranienburg, das bis zu 7.000 Mitarbeiter beschäftigte, wurde Anfang der 1990er Jahre geschlossen.

Die AEG-Werkshallen mit Werkssiedlung stellen in Hennigsdorf sowohl ein Architekturdenkmal (auch hier war der berühmte Architekt und künstlerische Beirat der AEG, Peter Behrens, tätig) als auch ein wichtiges Zeugnis der Industriegeschichte dar. Hier kann die Fortführung der traditionellen Fertigung bis in die Gegenwart verfolgt werden.

Obwohl in der Gegend zwischen Zehdenick und Mildenberg seit dem 13. Jahrhundert eine vorindustrielle Backsteinproduktion verbreitet war, wurden die großen Tonlagerstätten eher zufällig beim Bau der Eisenbahnstrecken entdeckt. Hunderte von Ziegeleien produzierten für den enormen Bedarf an Ziegeln für die Hauptstadt Berlin (für ein Mietshaus wurden 600.000 Ziegel, für den Anhalter Bahnhof sogar 16 Millionen Ziegel benötigt).

In der landwirtschaftlich geprägten Prignitz stand vor allem die Verarbeitung von Agrar- und Forstwirtschaftsprodukten im Mittelpunkt. Die Ölmühle in Wittenberge, die Stärkefabrik in Kyritz, aber auch Brennereien und Brauereien, Sägemühlen und die Papierfabrik Hohenofen sind dafür Beispiele. Für die Industrialisierung in größerem Umfang war die Erschließung durch die Eisenbahn entscheidend. Große Bedeutung hatte die Eröffnung der Verbindung Berlin-Hamburg Mitte des 19. Jahrhunderts, weitere Strecken folgten. Die Bahnhofsanlagen in Wittenberge, Wittstock/Dosse, Putlitz, Perleberg, Kyritz und Pritzwalk ragen als Baudenkmale dieser Zeit heraus.

Die AEG-Feuerwache und AEG-Werkssiedlungen in Hennigsdorf

Neuendorfer Straße (Feuerwache), Rathenaustraße 3-35 und Paul-Jordan-Straße 1-8 (Werkssiedlung nach Plänen Peter Behrens), 16761 Hennigsdorf
Teilnutzung durch Vereine (Feuerwache), Wohnungen

Die ehemalige AEG-Feuerwache, ein zweigeschossiger Ziegelbau mit Schlauchtrockenturm und einem lang gestreckten Kubus für die Garagen, erinnert an die Traditionen der AEG in Hennigsdorf. Dieses Gebäude konnte 1995 durch die Unterdenkmalschutzstellung vor dem Abriss gerettet werden. Jetzt ist der Ausbau zu einem Bürgerhaus mit einer Aussichtsplattform im früheren Schlauchtrockenturm geplant.

Die Aktivitäten der AEG begannen in Hennigsdorf im Jahre 1910. Unter der Leitung von Peter Behrens begann die Errichtung von Fabrikhallen (Porzellan-, Öl- und Lacktuchfabrik, Lokomotivfabrik, Halle für die flugtechnische Abteilung) und der Bau einer Werkssiedlung gegenüber des prägnanten Werkseingangs. Als erster Bau entstand 1911 das später so genannte „Rote Schloss", eine dreigeschossige, aus roten Ziegeln gemauerte Doppelhausanlage mit zurückgesetztem Mitteltrakt. Weitere Doppelhäuser mit begrünten Vorhöfen folgten 1918/19. Nach der Farbe der zum Bau verwandten, unverputzten Kohleschlackesteinen wurden die Gebäude vom Volksmund „Graues Elend" genannt. Peter Behrens verwirklichte hier seine Idee „Vom sparsamen Bauen" (so ein Buch von 1918 mit dem Untertitel „Ein Beitrag zur Siedlungsfrage"). Beide Wohnanlagen sind umfassend renoviert worden und vermitteln einen guten Eindruck vom Werkssiedlungsbau des bedeutendsten Industriearchitekten seiner Zeit.

Die Produktion in den Werkshallen begann mit Porzellanisolatoren und Lacken für die Elektroleitungen, expandierte in den Flugzeugbau, der während des Ersten Weltkrieges mit einer Produktion von täglich sechs Flugzeugen seinen Höhepunkt erreichte, konzentrierte sich aber bald auf den Bau von elektrisch betriebenen Schienenfahrzeugen. 1916 erwarb die AEG das Gelände der Falzziegelfabrik August Burg AG sowie dahinter liegende Ländereien im Norden Hennigsdorfs, um eine Pulverfabrik und Füllstationen zum Füllen von Minen und Granaten zu errichten. Auf dem Gelände der ehemaligen Munitionsfabriken entstand nach einer verheerenden Explosion 1917 das Stahl- und Walzwerk Hennigsdorf als selbständige Tochter der AEG. 1931 erfolgte die Fusion des Lokomotivwerks mit der Lokomotivbau-Firma von Borsig (AEG-Borsig Lokomotiv-Werke). Bis 1938 wurden 5.000 Elektro- und Dieselloks hergestellt. Mit 11.000 Arbeitern war das Lokomotivwerk in Hennigsdorf die größte Lokomotivfabrik in Deutschland. Im Zweiten Weltkrieg erfolgte eine nahezu vollständige Umstellung auf Rüstungsgüterproduktion. Trotz großer Zerstörungen und Demontagen, die einen Verlust der materiellen Substanz von bis zu 80 Prozent ausmachten, konnte schon 1948 wieder die Produktion von Elektroloks aufgenommen werden. Ab 1964 wurden auch S- und U-Bahnen gebaut. Der VEB Lokomotivbau-Elektrotechnische Werke „Hans Beimler" stellte insgesamt 13.000 Schienenfahrzeuge her, auch für den weltweiten Export. Nach 1990 übernahm die AEG für kurze Zeit das Werk, gefolgt von der ABB Daimler Benz Transportation (Adtranz). Im Mai 2001 übernahm das kanadische Unternehmen Bombardier, einer der weltweit größten Schienenfahrzeughersteller, die Produktionsanlagen. In Hennigsdorf werden Hochgeschwindigkeitszüge und vor allem Fahrzeuge für den Regional- und Stadtschienenverkehr hergestellt. Durch die Kriegszerstörungen, Abrisse und Modernisierungen ist von den ursprünglichen AEG-Werkshallen nur wenig erhalten geblieben. Empfehlenswert ist der Besuch der ständigen Ausstellung „Vom Fischerdorf zum Industriestandort" im Stadtmuseum (Altes Rathaus, Hauptstraße 3), die sich auch ausführlich der Industriegeschichte widmet.

Das Wasserwerk in Stolpe
Schwarzer Weg, 16540 Hohen Neuendorf OT Stolpe
Berliner Wasserbetriebe

Auf der östlichen Havelseite liegt das nördliche Pendant zum großen Wasserwerk in Berlin-Friedrichshagen. Das 1911 in Betrieb genommene Wasserwerk Stolpe ist sowohl von der architektonischen Gestaltung als auch von den noch erhaltenen technischen Anlagen außerordentlich bedeutsam. Die Bauten der Rieselanlage, der Einstiegshäuser zu den Reinwasserbehältern und vor allem der monumentalen Maschinenhalle sind von hoher architektonischer Qualität. Die Maschinenhalle ist geprägt von einem weiten Innenraum und einer Jugendstil-Fassade mit geschwungenen Linien. In ihr sind zwei Maschinensätze aus jeweils einer Dampfmaschine und Förderpumpe erhalten. Der 1910 von der Berliner Firma Freund & Co. hergestellte Maschinensatz ist eine der ältesten erhaltenen technischen Anlagen dieser Art im Großraum Berlin. Das Wasserwerk wurde für die Gemeinde Pankow gebaut und mit einer 22 Kilometer langen Wasserversorgungsleitung verbunden. Nach Inbetriebnahme einer neuen Filterhalle mit Maschinenhaus im Jahr 1983 wurde das Altwerk still gelegt.

Das Wasserwerk Stolpe ist ein wichtiger Standort der Berliner Wasserbetriebe, die hier täglich 120.000 Kubikmeter Grundwasser aus 30 bis 35 Metern Tiefe in 98 Vertikalbrunnen fördern und zu Trinkwasser aufbereiten.

Das Ofen- und Keramikmuseum in Velten

Wilhelmstraße 32, 16727 Velten
www.okm-velten.de; Museum, Kachelofenherstellung und -handel

TIPP

Zwei weitere ehemalige Ofenfabriken wurden in Velten unter Denkmalschutz gestellt: die Ofenfabrik Karl Sensse in der Viktoriastraße 24/Wilhelmstraße 1b sowie die Fabrik Netzband in der Kreisbahnstraße 6a-8.

In der Gegend um Velten gab es reiche Tonvorkommen. Diese bildeten die Rohstoffgrundlage für die Produktion von Ofenkacheln. Velten wurde ab 1835 mit der ersten Kachelofenfabrik und Ziegelei zu einem Industriestandort. Tonschneide- und Kachelpressmaschinen kamen zum Einsatz. Die 36 ortsansässigen Ofenfabriken lieferten um 1905 jährlich 100.000 Kachelöfen nach Berlin. In den ersten Jahrzehnten wurden ausschließlich weiße Ofenkacheln in der Tradition des Berliner Tonwarenfabrikanten Tobias Christoph Feilner hergestellt. Ab 1910 erfolgte zunehmend die Umstellung auf die Produktion farbiger Baukeramik. Nach Entwürfen bekannter Architekten wie Hans Poelzig, Peter Behrens,

Alfred Grenander, Fritz Höger und Erich Mendelsohn und in Zusammenarbeit mit führenden Bildhauern entstand in Velten baugebundenes, farbiges, keramisches Dekor für öffentliche und private Bauten in ganz Deutschland. Der Herstellungsprozess war sehr aufwändig. Die zwei Brandgänge dauerten bis zu 35 Stunden, die Trocknung konnte bis zu neun Monate in Anspruch nehmen.

Neben Betrieben der Ofenkachel- und Baukeramikproduktion siedelten sich auch Steingutfirmen, Eisenguss und -verarbeitung, chemische Werke und Sägewerke an. Velten wurde zu einem spezialisierten Industriestandort, der mit dem Aufkommen von Warmwasserzentralheizungen seine Bedeutung verlor.

1905 ist das Gründungsjahr des ersten Ofenmuseums in Velten. Seit 1992 werden die Ausstellungsstücke in der einzigen noch bestehenden Ofenfabrik gezeigt. 60 komplette Öfen, 4.000 Kacheln und Ofenteile, Gemälde und Dokumente zur Geschichte sind zu besichtigen. Die Ofenfabrik A. Schmidt, Lehmann & Co. GmbH, in der sich das Museum befindet, besteht seit 1872 und ist im Rahmen von Führungen zugänglich.

Der Ziegeleipark in Mildenberg
Ziegelei 10, 16792 Zehdenick OT Mildenberg
www.ziegeleipark.de

TIPP

In den ehemaligen Ton-Tagebauen rund um Zehdenick sind im Laufe der Jahrzehnte rund 50 Seen, so genannte Stiche, entstanden. In Zehdenick ist ein 1899/1900 erbauter Wasserturm mit dem alten Wasserwerk für Besucher geöffnet.

Das Erschöpfen der Tonvorräte der traditionellen märkischen Ziegeleigebiete, die hohe Qualität und die günstige Lage der Tonlagerstätten ließen die Ziegeleiproduktion bei Zehdenick/Mildenberg bis 1900 zur größten in Europa werden. 1910 war der Höhepunkt mit 63 Ringöfen und einer Jahresproduktion von rund 625 Millionen Mauerziegeln erreicht. Bis zu 5.000 Menschen arbeiteten im Zehdenicker Tonstichrevier. Die in Mildenberg 1927/28 vom Unternehmer Stackebrandt errichtete Maschinenziegelei mit maschineller Formung, thermischer Trocknung und einer auch der Stromerzeugung dienenden Dampfmaschinenanlage war zu seiner Zeit die modernste Europas. Die saisonabhängige, bis zu 40 Tage dauernde herkömmliche Ziegelherstellung konnte auf vier Tage verkürzt werden. Trotz wechselvoller Konjunktur und einer Reihe von Betriebsauflösungen entwickelte sich die Zehdenicker Ziegelindustrie nach 1945 zum größten Ziegelproduzenten der DDR, bis die Fabrikation Ende der 1970er Jahre schrittweise zurückging und 1991 schließlich erlosch.

Kernstück des seit 1997 geöffneten Ziegeleiparks sind die ehemaligen Großziegeleien Stackebrandt und Herzberg. Beide Ziegeleien verfügten zusammen über vier Ringöfen. Im Zentrum der Anlage ist ein 18-Kammer-Ringofen Hoffmann'scher Bauart erhalten geblieben (die von Friedrich Hoffmann 1858 erfundenen Ringbrennöfen sparten Energie und erhöhten durch einen kontinuierlichen Brennprozess die Effektivität und Produktivität deutlich). Die größte Freiluft-Trockenanlage mit 24 Ständen von je 120 Metern Länge ist noch heute zu besichtigen. In einem der Häuser, die für Saisonarbeiter errichtet wurden, befindet sich derzeit die Ausstellung „Auf Ziegelei – Arbeitswelten". Hier werden die Bedingungen, unter denen Ziegler in den vergangenen 100 Jahren arbeiteten und lebten, anschaulich gezeigt und dokumentiert. Im 1897 errichteten Ringofen befindet sich auf der früheren Brennerbühne eine dem Erfinder des Ringofens gewidmete Ausstellung.

Mit einer umgebauten Tonlorenbahn, mit der bis 1990 der Ton vom Tagebau zum Ziegelwerk gefahren wurde, können die Besucher das 42 Hektar große Gelände des Ziegeleiparks durchfahren. Im Alten Hafen ist ein Portalkran und der Finowmaßkahn „Alter Fritz" zu sehen. Mit Kähnen dieser Art wurden über die Havel Millionen von Ziegelsteinen nach Berlin verschifft.

Die Industrietraditionen in Wittenberge

In der Prignitz, dem westlichsten Landesteil Brandenburgs, finden sich in Wittenberge herausragende Zeugnisse der Industriegeschichte: der weithin sichtbare Uhrenturm der früheren Singer-Nähmaschinenwerke, die imposanten Hafenspeicher (heute noch in Betrieb) und die ehemalige Ölmühle. Der industrielle Aufstieg Wittenberges begann 1823 mit dem Bau der Ölmühle durch den aus Berlin kommenden Kaufmann Salomon Herz. Im Jahre 1835 wurde der Elbhafen fertig gestellt. Da Salomon Herz auch Großaktionär der Berlin-Hamburger sowie der Magdeburg-Halberstädter Eisenbahn war, konnte er eine Streckenführung über Wittenberge durchsetzen. Der Anschluss an die Eisenbahnlinie Berlin-Hamburg 1846 war entscheidend für die wirtschaftliche Entwicklung der Stadt. Der Bahnhof steht mit seinem dreigeschossigen Empfangsgebäude und den Funktionsgebäuden (mehrere Lokschuppen und Stellwerke, eine Lokomotivdrehscheibe und ein Wasserturm) aufgrund seiner architektonischen Gestaltung und geschichtlichen Bedeutung unter Denkmalschutz.

Der Ölmühle folgten 1846 eine Seifenfabrik, 1849 eine chemische Fabrik und 1876 das Reichsbahnausbesserungswerk. Darüber hinaus gab es in der Stadt mehrere Textilfabriken. Mit diesen Betrieben sowie dem Bau weiterer Fabriken, wie 1935 der Norddeutschen Maschinenfabrik und 1937 der Zellstoff- und Zellwollefabrik, wurde Wittenberge die wichtigste Industriestadt der Region.

Der Bahnhof in Wittenberge

Das im spätklassizistischen Stil 1846 nach Plänen des Baumeisters und späteren Direktors der Berlin-Hamburger Eisenbahngesellschaft, Friedrich Neuhaus, erbaute Bahnhofsgebäude erinnert an eine der wichtigsten von Preußens Hauptstadt ausgehenden Bahnstrecken. Nach den Eisenbahnverbindungen von Berlin nach Potsdam (1838 eröffnet), nach Köthen in Anhalt (1841), nach Frankfurt/Oder (1842) und nach Stettin (1843) war die 1846 eröffnete Verbindung in die Hafenstadt Hamburg die längste und bedeutendste Fernbahnstrecke.

TIPP

Der Baukomplex des Reichsbahnausbesserungswerks in der Nähe des Bahnhofs mit zwei Wagenrichthallen steht ebenfalls unter Denkmalschutz. Ein Fahrzeuginstandhaltungswerk der Deutschen Bahn AG arbeitet in einem Teilbereich dieses Komplexes. Der Verein „Historischer Lokschuppen Wittenberge e. V." hat in einem ehemaligen Stellwerk das „Besucherstellwerk ‚Wm'" eingerichtet und bietet Draisinen-Fahrten nach Voranmeldung an (www.lokschuppen-wittenberge.de).

Wittenberge war der wichtigste Verbindungsbahnhof. Neben dem Hamburger Bahnhof in Berlin, der schon bei seiner Eröffnung 1847 als einer der schönsten Bahnhöfe Berlins angesehen wurde, aber schon seit 1906 nach Verlegung des Berliner Zielbahnhofs an den Lehrter Bahnhof museal genutzt wird, ist der Bahnhof Wittenberge gleichfalls ein herausragendes Zeugnis für die spätklassizistisch geprägte Bahnhofsarchitektur von Friedrich Neuhaus. Das streng symmetrische, dreistöckige Hauptgebäude hat durch zwei vorgesetzte, mit antikisierenden Dachformen gestaltete Eckbauten einen repräsentativen Charakter. Sämtliche Bahnhofsbauten der Strecke sind durch rechteckige Grundrisse, zurückhaltende Fassadengliederungen, flache oder schwach geneigte Dächer und verputzte Ziegelbauweise geprägt. Durch die hellen Oberflächen des Quaderputzes unterscheiden sich diese Bahnhöfe von der verbreiteten unverputzten Ziegelbauweise anderer Bahnhöfe und öffentlicher Bauten in Preußen. Von den anfangs zwanzig Zwischenstationen waren in Brandenburg die Bahnhöfe in Neustadt/Dosse, Friesack und Nauen herausragend, letzterer wurde im Zweiten Weltkrieg zerstört und nicht wiederaufgebaut.

Der Güterverkehr auf der 286 Kilometer langen Strecke begann im Januar 1847 und entwickelte sich trotz umständlicher Zollformalitäten (fünf selbständige Länder waren beteiligt) rasant. Die Strecke war nach der damaligen Eisenbahnpolitik zwar staatlich konzessioniert, aber privatrechtlich errichtet worden. Die Übernahme der profitablen Strecke in die Preußische Staatsbahn erfolgte im Rahmen der Bismarck'schen Eisenbahnpolitik ab 1884. Bis zur Jahrhundertwende wurden zahlreiche weitere Haltepunkte eingerichtet. Schon 1914 brauchte der schnellste Zug zwischen Berlin und Hamburg lediglich drei Stunden und 14 Minuten. Der „Fliegende Hamburger" bewältigte die Strecke ab Mai 1933 in zwei Stunden und 18 Minuten.

In der DDR war weniger die Anbindung nach Hamburg als die Ausrichtung auf die Häfen in Wismar und Rostock für Kalizüge, Erdöl und Schiffsgüter bedeutsam. 1991 baute die Deutsche Bahn die Strecke als „Verkehrsprojekt Deutsche Einheit Nr. 2" aus. Da die Gesamtanlage nicht als Streckendenkmal unter Denkmalschutz steht, gab es zahlreiche Veränderungen in der Trassenführung und an den Bahnhöfen. Eine Informationstafel erinnert in Wittenberge an die ursprüngliche Lage des Bahnhofs inmitten der Gleisanlagen.

Die Märkische Ölmühle in Wittenberge
Bad Wilsnacker Straße 52, 19322 Wittenberge
www.alte-oelmuehle-wittenberge.de, www.elblandfestspiele.de

TIPP

Das historische Kranhaus und das gegenüber liegende Speicherhaus der Spedition Hofmann & Römer am Elbhafen wurden vorbildlich restauriert. Im Kranhaus (Elbstraße 4a) eröffnete ein Restaurant. Sein Name erinnert wie eine Krannachbildung im zweiten Geschoss an die frühere Funktion des Gebäudes.

Die erhaltenen elf Gebäude der 1823 gegründeten Ölmühle stammen aus der Zeit nach dem großen, die Mühle vollständig vernichtenden Brand von 1880. Die fünfgeschossigen Backsteingebäude mit Treppenhaustürmen wirken festungsartig. Ein besonderes architektonisch-technikgeschichtliches Highlight sind die beiden achteckigen Öltanklager. Das 1910 entstandene, straßenseitige Verwaltungs- und Kantinengebäude ist mit einer Säulenvorhalle repräsentativ gestaltet worden. Leistungsstarke Dampfmaschinen trieben die größte Ölmühle in Europa an. Bis zu 3.000 Tonnen Ölsaat wurden täglich verarbeitet. Hauptprodukt war Öl für technische Zwecke. 1823 bis 1935 wurde die Mühle als Herz'sche Ölmühle, von 1942 bis 1946 als Märkische Ölwerke Wittenberge AG betrieben. Nach der Verstaatlichung 1946 arbeiteten hier bis 1990 im VEB Märkische Ölwerke Wittenberge 6.000 Mitarbeiter. Nach ihrer Schließung ist sie seit dem Jahr 2000 Ort und eindrucksvolle Kulisse der überregional bedeutenden Elblandfestspiele. Alljährlich im Sommer werden vor dem illuminierten Speicher der Ölmühle Operetten und Musicals aufgeführt. 2008 begannen die Planungen zum Bau eines Hotels in der ehemaligen Fabrikantenvilla und eines Restaurants sowie einer Schau-Brauerei in den Speichergebäuden. Bereits fertig gestellt ist ein Café mit Strandbar und Beachvolleyballareal.

Die ehemalige Singer-/Veritas-Nähmaschinenfabrik in Wittenberge

Bad Wilsnacker Straße 48, 19322 Wittenberge
Gewerbe, Schule, Museum (Turm), zum Teil leer stehend

Die 1851 vom Erfinder Isaac Merritt Singer gegründete Singer Manufacturing-Company mit Hauptsitz in New York war mit einem Weltmarktanteil von 80 Prozent bereits 1890 der weltweit größte Nähmaschinenproduzent. In Wittenberge nahm 1903 als zentrale Produktionsstätte für Mitteleuropa die damals modernste Nähmaschinenfabrik in Europa ihren Betrieb auf. Der ausgedehnte Werkskomplex ist geprägt von 1922 entstandenen, sechsgeschossigen Produktionsgebäuden, funktionalen Eisenbetonkonstruktionen, die durch zwei Treppentürme und vor allem durch den 1929 fertig gestellten Wasser- und Uhrenturm akzentuiert werden. Mit seiner Höhe von 49 Metern ist er einer der größten freistehenden Uhrentürme Europas. Das Ziffernblatt der Turmuhr ist nachts beleuchtet und weithin sichtbar. In dieser Nähmaschinenfabrik wurden von mehr als 3.000 Mitarbeitern bis zum 3. Mai 1945 die weltweit bekannten Singer-Nähmaschinen hergestellt. Nach vollständiger Reparationsdemontage konnte 1946 der Betrieb wieder aufgenommen werden. Gleichwohl konnte das Werk nun nicht mehr unter der Marke „Singer" produzieren. Die Produktion firmierte nun unter dem Namen „Veritas", der auf eine Ende des 19. Jahrhunderts gegründete Dresdener Nähmaschinenfabrik zurückgeht. 1954 begann die Großserienfertigung. Die Wittenberger Nähmaschinen, ab 1970 zusätzlich Strick- und Bügelmaschinen, wurden zu einem weltweit exportierten Produkt. „Veritas" fertigte bis zur Schließung im Januar 1992 7,6 Millionen Nähmaschinen.

Bei Führungen durch das Werksgelände sind Bauten aus allen Entwicklungsphasen des Werks zu sehen: mit roten Klinkern verkleidete Werkshallen und das Kraftwerk aus der Anfangszeit (die Bauten mit Uhrenturm von 1928/29), das vor allem durch die Um- und Erweiterungsbauten von 1936 geprägte und jetzt vorbildlich als Oberstufenzentrum umgenutzte Verwaltungsgebäude, der Kantinen-Bau sowie die Erweiterungshallen aus der DDR-Zeit und das moderne Hochregallager, das kurz vor der Werksschließung fertig gestellt wurde und heute teilweise von Wittenberger Firmen genutzt wird.

TIPP

Im Mittelpunkt des Stadtmuseums (Putlitzstraße 2) steht die Geschichte der Nähmaschinenproduktion in Wittenberge. Zusätzliche Informationen bietet eine von Mai bis Oktober geöffnete Ausstellung im Uhrenturm des Nähmaschinenwerks.

Ein sehenswertes Ziel stellt das Oldtimer- und Technikmuseum Perleberg in der nahe gelegenen Kreisstadt des Landkreises Prignitz dar (www.oldtimerfreunde-perleberg.de). Als Denkmale der Industriekultur sind in Perleberg der Wasserturm in der Berliner Straße, das Wasserkraftwerk in der alten Stadtmühle und die 1911 errichtete Richthalle der Ost- und Westprignitzer Kreiskleinbahnen, eine dreischiffige Sheddach-Halle, sehenswert (Lenzener Straße).

Die Steinbogenbrücke der Strecke Berlin-Hamburg bei Streesow

19357 Karstädt OT Streesow

Im Karstädter Ortsteil Streesow erinnert eine Steinbogenbrücke an die Entstehungszeit der für die regionale Verkehrs- und Industrieentwicklung entscheidenden Eisenbahnverbindung Berlin-Hamburg. Sie wird nach den an den Brückenstirnseiten angebrachten gusseisernen Löwenköpfen auch „Löwenkopf-Brücke" genannt. Schon vor dem Bau der ersten deutschen Eisenbahnlinie Nürnberg-Fürth durch den Eisenbahnpionier Friedrich List konzipiert und von der 1843 gegründeten Berlin-Hamburg-Eisenbahn-Gesellschaft ab 1844 gebaut, wurde diese Strecke am 15. Dezember 1846 erstmals befahren. Die Brücke zählt zu den architektonisch anspruchsvollsten Bauten der gesamten Strecke und ist eine der wenigen noch aus der Bauzeit vorhandenen Brücken. Ihr Entwurf stammt vom späteren Direktor dieser Eisenbahnlinie, Friedrich Neuhaus, der auch den Hamburger Bahnhof und das Verwaltungsgebäude der Bahngesellschaft in der Berliner Invalidenstraße gestaltete. Im Rahmen des Streckenausbaus für Fahrgeschwindigkeiten bis 200 km/h stand die schon 1982 unter Denkmalschutz gestellte Brücke vollständig zur Disposition. Die Denkmalschutzbehörde erreichte jedoch, dass bei der 1992/93 erfolgten Restaurierung mit vergrößerter Stützweite und lichter Höhe wesentliche Bauelemente erhalten blieben. Die Brücke verblieb an ihrem originalen Standort, die zuvor geborgenen Ziegel und Natursteine wurden wieder verbaut.

Die Tuchfabrik Dräger/Quandt in Pritzwalk

Meyenburger Tor 1/An der Promenade 5, 16928 Pritzwalk
www.museum-pritzwalk.de
Teilnutzung durch das Oberstufenzentrum und die Bildungsgesellschaft Pritzwalk

In der Stadt Pritzwalk lernt der Besucher im Stadt- und Brauereimuseum sowie durch weitere erhaltene Baudenkmale wichtige Industrietraditionen der Prignitz kennen. Neben der Mühle am Ortsrand sind dies die Zeugnisse der Tuchmacher- und Brauindustrie.

Das Verwaltungs- und Fabrikgebäude der Tuchfabrik Draeger am Meyenburger Tor, ein ab 1870 bis 1940 ausgebauter Stockwerks-Fabrikkomplex, erinnert an die Tuchmachertradition in der Prignitz. Die Tuchfabrik Draeger war die einzige nach

TIPP

Zu den beeindruckenden Wassermühlen der Prignitz zählt die Mühle in Wolfshagen, die bereits im 16. Jahrhundert erwähnt wurde. Das in solidem Eichenfachwerk errichtete zweigeschossige Gebäude war Mühle und Müllerwohnhaus zugleich. Ein im März 2009 gegründeter Förderverein konnte durch den Kauf des Objektes die Wassermühle vor dem Abriss bewahren. Erste Sicherungsmaßnahmen haben bereits begonnen (www.wassermuehle-wolfshagen.de). Sehenswert ist auch das benachbarte Schloss Wolfshagen, das eines der bedeutendsten spätbarocken Bauschöpfungen der Prignitz ist. Es beherbergt ein Museum, das das Leben des Brandenburger Landadels sowie eine Sammlung „Unterglasurblaugemaltes Porzellan" zeigt (www.schlossmuseum-wolfshagen.de).

der Gründerkrise 1873 übrig gebliebene Tuchfabrik von elf weiteren in Pritzwalk. Sie wurde 1883 von Emil Quandt übernommen und stand am Beginn einer heute noch bedeutenden Unternehmerdynastie. Durch die Spezialisierung auf die Herstellung von Uniformstoffen, deren Absatz im In- und Ausland und durch den Einsatz moderner Maschinen waren die Quandt'schen Tuchfabriken so erfolgreich, dass sie andere Firmen übernehmen konnten. Im nahen Wittstock / Dosse, eine Stadt mit bis in das Mittelalter zurückreichender Tuchmachertradition, wurde 1901 die 1828 gegründete Tuchfabrik von Wilhelm Wegener gekauft und mit der anderen großen Wittstocker Tuchfabrik, der Paul'schen Tuchfabrik, durch einen Gesellschaftsvertrag zu einem Konzern zusammengeschlossen, in dem Günther Quandt die Führung hatte. Nach Übernahme von Betrieben der Kaliindustrie und schließlich der Akkumulatorenfabrik sowie der Deutschen Waffen- und Munitionsfabriken (DWM) in Berlin wurden die Quandts ab den 1920er Jahren immer einflussreicher. In Pritzwalk produzierte die Tuchfabrik mit 180 Webstühlen bis zum Ende des Zweiten Weltkrieges. Nach der Demontage und Verstaatlichung war in dem Fabrikgebäude eine Zahnradfabrik angesiedelt.

Im 2002 neu eröffneten Stadt- und Brauereimuseum wird mit modernen Präsentationstechniken die Stadt- und Regionalgeschichte anschaulich. Das Museum befindet sich in Räumen des Lagerkellers der Pritzwalker Brauerei. Als eine kleinere Brauerei 1795 gegründet, wurde sie als „Schraube-Bräu" Ende der 1920er Jahre zur größten und modernsten Privatbrauerei im Norden des heutigen Brandenburgs. Die historischen Gebäude am Meyenburger Tor sind mit der Villa des Brauereibesitzers ein anschauliches Beispiel für die Brauereiarchitektur dieser Zeit. 1972 baute man hier neue Abfüll- und Verladehallen. Nach der Privatisierung entstand 1995 ein moderner Sud-, Gär- und Lagerkomplex für die „Brauhaus Preussen Pils" genannte Brauerei. 2006 wurde „Preußen Pils" von der süddeutschen Großbrauerei Oettinger übernommen. Oettinger gab den Standort jedoch 2008 auf. Der Abbau der eindrucksvollen Gärkessel ist bereits beschlossen.

Das Pritzwalker Stadtmuseum hat zwei attraktive Außenstellen: die Museumsdruckerei in Streckenthin mit funktionsfähigen Druckereimaschinen der alteingesessenen Pritzwalker Druckerei Tienken sowie die Mühle an der Dömnitz am Rand der Stadt. In der Mühle befindet sich die vorbildlich restaurierte Technik einer Getreidemühle aus den dreißiger Jahren des 20. Jahrhunderts und eine Ausstellung zur jahrhundertealten Geschichte der Wassermühlen in und um Pritzwalk.

Villa des ehemaligen Brauereibesitzers
Schraube in Pritzwalk

Die Paul'sche Tuchfabrik in Wittstock/Dosse
Heiligegeiststraße 19-23, 16909 Wittstock/Dosse
www.wittstock.de; Stadtverwaltung, Bürgerbüro

TIPP

An der Ecke Walter-Schulz-Platz/Walkstraße ist neben der Stadtmühle die ehemalige Fabrik und Villa der Quandts sehenswert. Der repräsentative von 1901 bis 1906 erbaute Jugendstil-Bau steht direkt vor dem Fabrikgelände, das von einem sechsgeschossigen Fabrikgebäude geprägt wird. Bis zum Beginn des Zweiten Weltkrieges wurden hier Textilien produziert, danach Arado-Flugzeugteile montiert. In der DDR war hier ein Küchenmöbel-Kombinat angesiedelt. Seit 1990 steht das eindrucksvolle Gebäude leer.

In Wittstock/Dosse, einem alten Bischofssitz mit gut erhaltener Altstadt und Stadtmauer, reicht die Tradition der Tuchmacher bis in das Mittelalter zurück. 1325 erteilte der Bischof dem Tuchmacherhandwerk das Privileg einer Zunft. Familienbetriebe verarbeiteten die Wolle, mit Wasserkraft betriebene Walkmühlen wurden gemeinschaftlich betrieben. Mit dem Beschluss des preußischen Königs, für sein Heer nur noch einheimische Uniformstoffe einzukaufen, erhielt das Tuchmachergewerbe einen enormen Aufschwung. 1826 hatte Wittstock/Dosse bei 3.200 Einwohnern 275 selbständige Tuchmacher. Durch die zunehmende Industrialisierung blieben in der zweiten Hälfte des 19. Jahrhunderts nur noch zwei große Tuchfabriken übrig: die 1828 gegründete Tuchfabrik von Wilhelm Wegener und die ab 1845 von Friedrich Paul in der Heiligegeiststraße aufgebaute Fabrik. Diese Paul'sche Tuchfabrik wurde ab 1870 sukzessiv erweitert. In den Jahren ab 1905, als sowohl die Paul'sche als auch die Wegener'sche Textilfabrik durch familiäre Verbindungen Teil des Quandt'schen Textilkonzerns wurden, erfolgte die Verlegung der Produktion in die Vorstadt. Die ehemaligen Fabrikgebäude wurden ab den 1920er Jahren zu Wohnzwecken umgenutzt. Während der DDR-Zeit verfiel der Gebäudekomplex. 2004 nahm sich die Stadt Wittstock/Dosse des Ensembles an und konnte mit Fördermitteln des Landes die ehemalige Tuchfabrik für die Nutzung durch die Stadtverwaltung sanieren und durch ein neues Eingangsgebäude erschließen. Der Umbau des ehemaligen Fabrikgebäudes mit den gefärbten Klinkerbändern an der Schaufassade und den alten gusseisernen Stützpfeilern im Inneren ist aufgrund der Gestaltung des modernen Erweiterungsbaus im Bezug zur alten Fabrikarchitektur mit dem Preis „Architektur in Brandenburg 2008" ausgezeichnet worden. Durch die Umgestaltung des Areals ist ein offener Hof entstanden, der zusammen mit dem als Halle ausgebauten früheren Maschinenhaus für Stadtfeste genutzt werden kann. Das der ehemaligen Paul'schen Texilfabrik gegenüberliegende Areal der Wegener'schen Tuchfabrik wird in den nächsten Jahren gesichert und zur städtischen Bibliothek ausgebaut.

Das Gaswerk und die Wassertürme in Neustadt/Dosse

Havelberger Straße 25, 16845 Neustadt/Dosse
Museum

TIPP

Im Neustädter Ortsteil Spiegelberg erinnert ein herrenhausähnliches Gebäude mit Park an die von 1688 bis 1844 produzierende Spiegelmanufaktur und -fabrik. Sie war der größte Betrieb dieser Art in Brandenburg-Preußen und belieferte vor allem die Potsdamer und Berliner Schlösser mit Spiegeln aller Art. Von Interesse ist ferner eine ehemalige große Industriemühle, die Spiegelberger Mühle. Sie wird seit Juli 2008 zu einem Wohnheim für Reitschüler des Gestüts umgebaut – eine wohl einzigartige Nachnutzung eines großen Industriebaus im ländlichen Raum.

Neben dem berühmten Pferdegestüt in Neustadt/Dosse wird die Stadt auch durch wichtige Zeugnisse einer besonderen Industriekultur des ländlichen Raums geprägt. Das 1903 in Betrieb genommene und 1980 still gelegte Gaswerk zählt zu den seltenen erhaltenen Gaserzeugungsanlagen aus der Anfangszeit des 20. Jahrhunderts. Zur Anlage gehören das Ofengebäude mit seinen zwei Horizontal-Retortenöfen, der Uhren- und Apparateraum, die Schwefelreinigungsanlage, der Teergrubenanbau, ein Angestelltenwohnhaus und als von weitem sichtbares Zeichen für das Gaswerk der Gasometer, gebaut als Glockengasbehälter im Stahlfachwerk-Führungsgerüst. Die Gebäude sind mit rotem Backstein errichtet worden und weisen am Giebel und an der Traufe einfache Schmuckelemente auf.

Zunächst wurde hier Gas aus Steinkohle für die Beleuchtung der unmittelbaren Umgebung, vor allem für das benachbarte Gestüt, produziert. Erst nach einer Netzerweiterung war das Kochen und Heizen mit Gas möglich.

Ein Freundeskreis betreut mit großem Engagement das herausragende Technikdenkmal und erschließt es durch Führungen der interessierten Öffentlichkeit. Präsentiert werden die vollständig erhaltenen Retortenöfen.

Zwei vor allem für die Versorgung der Lokomotiven und Bahnanlagen gebaute Wassertürme stehen für die Bedeutung von Neustadt/Dosse als Eisenbahnknotenpunkt an der wichtigen, 1846 eröffneten Bahnstrecke Hamburg-Berlin. Der 35 Meter hohe Turm in der Nähe des Bahnhofs, ein dunkelroter Klinkerbau, wurde 1924 errichtet. Er ist der höchste Wasserturm in der Region. Mit seinem Fassungsvermögen ergänzte er den älteren Bahnwasserturm in der Bahnhofstraße, dessen Bau in das letzte Drittel des 19. Jahrhunderts zurückreicht. Außergewöhnlich an ihm ist seine Form, die eher die Funktion eines Bahnstellwerks vermuten lässt. Heute findet sich darin ein kleines Bistro. Ein weiterer architektonisch ansprechender Wasserturm steht auf dem Gelände des Pferdegestüts.

Die Patentpapierfabrik in Hohenofen
Neustädter Straße 25, 16845 Sieversdorf OT Hohenofen
www.patent-papierfabrik.de; Museum

Bevor am 1. Juli 1838 in Hohenofen die Papierfabrikation aufgenommen werden konnte, wurde das Werk 175 Jahre lang als Hüttenwerk zur Eisen- und Silbergewinnung betrieben. Die Vorkommen von Raseneisenerz konnten in der Umgebung im Tagebau gewonnen werden. Zur Schmelze wurde es zum „Hohen Ofen" gebracht. Das hier gewonnene Roh-Eisen (Luppen) gelangte über einen Kanal zur Dosse, wurde über die Havel bis nach Berlin verschifft und in Eisengießereien weiterverarbeitet. Etwa Mitte des 18. Jahrhunderts waren die Vorkommen fast erschöpft und die Hütte zur Silberschmelze umfunktioniert. Der Betrieb musste Anfang 1833 eingestellt werden. 1834 erfolgte der Verkauf des Werks an die als Staatsbank fungierende „Königliche Seehandlung Berlin", die es bis 1838 zu einer Papierfabrik umbauen ließ und schließlich an die Patentpapierfabrik Berlin verpachtete.

Ab 1839 wurde mit modernsten Produktionsanlagen britischer Herkunft eine Fülle von Papieren hergestellt: Zeichen-, Schreib-, Seiden- und Tapetenpapiere.

Nach 1850 wechselten die Eigentümer der Fabrik häufig. 1953 ging die Fabrik als Zweigwerk der VEB Feinpapierfabriken Neu Kaliß in Volkseigentum über. 1992 schloss das Werk. Anschließend stand die Fabrik viele Jahre ungenutzt leer. Schließlich kaufte 2002 ein Privatmann aus dem Havelland die Papierfabrik und verpachtete sie im April 2003 auf 25 Jahre pachtzinsfrei an den Verein „Patentpapierfabrik Hohenofen e. V.".

Der Verein bietet Führungen und Veranstaltungen an. Besucher können die komplette Produktionslinie von der Verwendung von Lumpen als Rohstoff bis zur fertigen Papierrolle besichtigen. Neben den zahlreichen alten Anlagen der Papierherstellung (so genannte „Holländer" und Kollergänge vom Ende des 19. Jahrhunderts) ist die einzige, komplett erhaltene historische Produktionsanlage für Papier in Europa zu sehen, eine 42 Meter lange Langsiebpapiermaschine, die aus den 80er Jahren des 19. Jahrhunderts stammt. Auch Funde aus der Zeit der Eisen- und Silberverhüttung in Hohenofen (1635 bis 1834) werden gezeigt.

Die Nadelwehre an der Havel in Gülpe und Gahlberg

14715 Havelaue OT Gülpe, 14715 Strohdehne OT Gahlberg

Nadelwehre sind eine sehr alte, aber effektive Wehrform aus Wehrböcken, die bei Hochwasserlagen oder Eisgang in das Wasser abgesenkt werden können. Die Stauhaltung erfolgt mittels Holzplanken (Nadeln), die im Oberwasser einzeln nebeneinander an eine Nadellehne und Wehrschwelle auf der Flusssohle angelehnt und durch den Wasserdruck festgehalten werden. Sie können einzeln gezogen oder gesteckt werden, so dass die Durchflussmenge effektiv geregelt werden kann. Nadelwehre werden diagonal oder quer zur Flussachse angeordnet. Sie müssen den Flusslauf, im Gegensatz zum gemauerten Wehr, nicht vollständig absperren. Nadelwehre prägten etwa 200 Jahre die wasserwirtschaftlichen Anlagen in Brandenburg. Heute sind sie selten geworden. Die wenigen noch vorhandenen, denkmalgeschützten Anlagen unterliegen einem gewaltigen Modernisierungsdruck, der bereits zu irreversiblen Verlusten geführt hat. Das Wehr in Gülpe konnte jedoch denkmalgerecht restauriert und modernisiert werden. Es ist Teil eines großen Wasserbauprojektes an der unteren Havel, das in der Phase der Hochindustrialisierung um 1900 begann und 1912 abgeschlossen wurde.

Durch ihre Funktion der Sicherstellung der Binnenschifffahrt auch in Hochwasserzeiten hatten die Nadelwehre einen infrastrukturellen Stellenwert für die Industrie. Das von 1908 bis 1910 erbaute Nadelwehr in Gülpe (inmitten des Naturparks Westhavelland gelegen) ist bei der Modernisierung 2005 bis 2007 in seinem Erscheinungsbild erhalten geblieben. Schautafeln erläutern dem Besucher die Geschichte und Funktionsweise dieser mit 288 Holznadeln gesteuerten Wehranlage.

Das noch ursprünglich erhaltene Nadelwehr in Gahlberg (siehe Abbildung) ist wie das Wehr in Gülpe mit einer Kahnschleusenanlage verbunden, die die Umfahrung des Wehrs mit kleinen Wasserfahrzeugen ermöglicht. Während in Gülpe die Grundkonstruktion mit klassischen, legbaren Wehrböcken erfolgte, ist in Gahlberg der Bedientsteg an Ketten aufgehängt. Die Konstruktion zum Heben und Senken des Stegs ist in zwei historisierenden Portalen eingebaut.

In unmittelbarer Nähe der Wehr- und Schleusenanlage befindet sich eine 1858 erbaute Bockwindmühle. **Matthias Baxmann**

LITERATURHINWEISE

Ackermann, Irmgard (2001), Stadt Cottbus, Teil 1: Altstadt und innere Stadtteile, **Denkmale in Brandenburg Band II.** Worms

ACOL Gesellschaft für Arbeitsförderung mbH Cottbus (Hg.) (1994), **Die Textilbranche in Cottbus gestern und heute.** Cottbus

ACOL Gesellschaft für Arbeitsförderung mbH Cottbus (Hg.) (1995), **Tuchstädte der Niederlausitz gestern und heute – Forst, Guben, Spremberg, Finsterwalde.** Cottbus

ACOL Gesellschaft für Arbeitsförderung mbH Cottbus (Hg.) (1999), **Über 175 Jahre Hutherstellung in Guben.** Cottbus

Anderhalten Architekten (2008), **Kunstmuseum Dieselkraftwerk Cottbus.** Berlin

Arbeitsgemeinschaft „Städtekranz Berlin-Brandenburg" (Hg.) (2008), **Das Beste am Kern ist das Drumherum**

Arbeitsgemeinschaft Regionale Entwicklungszentren des Städtekranzes Berlin-Brandenburg (2006), **Leben und Wohnen in Brandenburg**

Bartel, Elisabeth (2004), **Die Königliche Eisen-Gießerei zu Berlin 1804-1874.** Berlin

Baxmann, Matthias (2001), Abraumförderbrücke F60 bei Lichterfeld. Technisches Denkmal und Symbol für die Lausitz?, in: Albrecht, Helmuth; Fuchsloch, Norman, **Industriearchäologie. Studien zur Erforschung, Dokumentation und Bewahrung von Quellen zur Industriekultur,** Band I, S. 43 ff. Chemnitz

Baxmann, Matthias (2003), Zeitmaschine Lausitz, **Vom „Pfützenland" zum Energiebezirk. Die Geschichte der Industrialisierung in der Lausitz.** Dresden

Baxmann, Matthias (2006), Castel del Monte oder Symbol einer devastierten Industrie – die Biotürme in Lauchhammer, in: Nagel, Frank Norbert (Hg.), **Türme. Schornsteine. Industrie-Mühlen. Land-Art. Bedeutung und Bewertung von Landmarken in der Kulturlandschaft.** Kulturlandschaftsforschung und Industriearchäologie. Beiträge der Geographie, Band II, S. 37 ff. Hamburg

Bayerl, Günter (Hg.) (1995), **Technisch-historische Spaziergänge in Cottbus und dem Land zwischen Elster, Spree und Neiße.** Cottbus

Bedeschinski, Christian; Neddermeyer, Bernd (2004), **Der Rangierbahnhof Wustermark und die Eisenbahnersiedlung Elstal.** Berlin

Beleke, Norbert (Hg.) (2000), **Rathenow an der Havel – Die Wiege der deutschen optischen Industrie.** Brandenburg. Essen

Berliner Wasserbetriebe (Hg.) (1997), **Denkmale der Berliner Wasser Betriebe, Wasserwerke und Wassertürme.** Berlin

Berliner Wasserbetriebe (Hg.) (1997), **Denkmale der Berliner Wasser Betriebe, Abwasserpumpwerke, Wohn- und Verwaltungsgebäude.** Berlin

Berliner Wirtschaftsgespräche e. V. (Hg.) (2009), **Industrie und Innovation.** Berlin

Birk, Gerhard; Stutzki, Mario (2000), **Der Teltowkanal. Ein Jahrhundertbauwerk.** Wiltshire (England)

Bley, Peter (1996), **150 Jahre Eisenbahn Berlin-Hamburg – Auf der Strecke des technischen Fortschritts.** Düsseldorf

Bley, Peter (2000), **Königlich Preußische Militäreisenbahn – 125 Jahre Berlin-Zossen-Jüterbog.** Düsseldorf

Bluhm, Fieder (2008), Gutes Geschäft: Staub zu Kohle gemacht – Die Brikettfabrik Louise in Domsdorf, in: **industriekultur,** Heft 2/2008, S. 29. Essen

Boger, Hubert (2008), **Von der Tuchfabrik zur Stadtverwaltung – Ein Kapitel „Stadtgeschichte".** Wittstock/Dosse

Bollé, Michael (1996), **Die Großfunkstation in Nauen und ihre Bauten von Hermann Muthesius.** Berlin

Salzmann, Dieter (Hg.) (1998-2000), **Brandenburg entdecken. Band I-III.** Berlin

Brandenburgische Museen für Technik, Arbeit und Verkehr e. V. (Hg.) (2002), **Technische Denkmäler in Brandenburg.** Berlin

Brandenburgisches Landesamt für Denkmalpflege und Archäologisches Landesmuseum (Hg.) (2008), **Denkmale der Technik und Industrie im Land Brandenburg.** Petersberg

Brandenburgisches Textilmuseum Forst (Lausitz) (Hg.) (1997), **Märkisches Birmingham – Deutsches Manchester. England und die Frühindustrialisierung in Brandenburg.** Forst

Brandenburgisches Textilmuseum Forst (Lausitz) (Hg.) (2004), **Niederlausitzer Textilstandorte – „gestern" und „vorgestern".** Forst

Brandenburgisches Textilmuseum Forst (Lausitz) (Hg.) (1998), **Forster Tuche für moderne Menschen. Handelsbeziehungen der Textilindustrie in den 1920er und 1930er Jahren.** Forst

Buchinger, Marie-Luise (1995), Stadt Brandenburg an der Havel, Teil 2: Äußere Stadtteile und eingemeindete Orte, **Denkmale in Brandenburg, Band 01.2.** Worms

Buddensieg, Tilmann (1993), **Industriekultur: Peter Behrens und die AEG. 1907-1914,** 4. Auflage. Berlin

Büsch, Otto (Hg.) (1977), Industrialisierung und Gewerbe im Raum Berlin/Brandenburg, Band II: **Die Zeit um 1800/Die Zeit um 1875.** Berlin (Einzelveröffentlichungen der Historischen Kommission zu Berlin, Band 19)

Cante, Marcus (1994), Stadt Brandenburg an der Havel, Teil 1: Dominsel – Altstadt – Neustadt, **Denkmale in Brandenburg,** Band 01.1. Worms

Deutsche Gesellschaft/Kreuzberg Museum (Hg.) (1994), **Der Stoff, aus dem Berlin gemacht ist.** Entdeckungsreisen zu den Industriedenkmalen Brandenburgs. Berlin

Deutsche Stiftung Denkmalschutz (2005), **20 Jahre Projektarbeit.** Bonn

Diekmann, Irene A. (Hg.) (2008), **Jüdisches Brandenburg – Geschichte und Gegenwart.** Berlin

Dittmar, Monika (Hg.) (1992), **Märkische Ton-Kunst – Veltener Ofenfabriken. Ein Beitrag zur Kulturgeschichte des Heizens**, Katalog zur Ausstellung im Deutschen Historischen Museum. Berlin

Dittmar, Monika (Hg.) (1999), **Ofenstadt Velten.** Erfurt

Drachenberg, Thomas (1999), **Die Baugeschichte der Stadt Luckenwalde 1918-1933.** Worms

During, Catrin; Ecke, Albrecht (2008), **Architekturführer Potsdam – gebaut!** Berlin

EKO Stahl GmbH (Hg.) (2000), **Einblicke – 50 Jahre EKO Stahl.** Eisenhüttenstadt

Feustel, Jan (2006), **Lebensader durch Sumpf und Sand – 100 Jahre Teltowkanal.** Berlin

Fleischer, Wolfgang (1995), **Heeresversuchsstelle Kummersdorf.** Eggolsheim

Föhl, Axel (1999), **Bauten der Industrie und Technik.** Bonn

Förderverein des Ofen- und Keramikmuseums Velten e. V. (Hg.) (2008), **In der Provinz gebrannt, in der Metropole verbaut – Baugebundene Keramik aus Velten.** Velten

Friedenberg, Bettina; Ohnsmann, Matthias (1996), **Zeitreise durch Brandenburg und Berlin – Ausflüge in die Vergangenheit.** Gudensberg-Gleichen

Gahrig, Werner (2000), **Unterwegs zu den Hugenotten im Land Brandenburg.** Berlin

Geiseler, Udo; Heß, Klaus (Hg.) (2008), **Brandenburg an der Havel – Lexikon zur Stadtgeschichte.** Berlin

Gewiese, Armin; Schönknecht, Rolf (1996), **Binnenschifffahrt zwischen Elbe und Oder – Das andere deutsche Fahrtgebiet 1945-1995.** Hamburg

Gottwaldt, Alfred (1996), Die Berlin-Hamburger Eisenbahn und ihre Bahnhöfe, in: **Brandenburgische Denkmalpflege**, Heft 1/1996, S. 42-48. Berlin

Gramlich, Sybille (1994), Die Kolonie Marga. Eine Arbeiterkolonie zwischen Werkssiedlungsbau und Gartenstadt, in: **Brandenburgische Denkmalpflege**, Heft 1/1994, S. 85-93. Berlin

Gramlich, Sybille (2002), Stadt Frankfurt (Oder), **Denkmale in Brandenburg**, Band 03. Worms

Gregor, Neil (1997), **Stern und Hakenkreuz – Daimler-Benz im Dritten Reich.** Berlin

Gutsche, Edda (2004), **Die Biere des Ostens.** Hamburg

Härtel, Christian (2002), **Landschaftspark Finowtal – Ein Industriegebiet im Wandel.** Berlin

Hahn, Peter; Stich, Jürgen (2006), **Teltowkanal – Stationen, Wege, Geschichten.** Badenweiler

Heimatmuseum Friedrichshain (Hg.) (1993), **Friedrichshainer Unternehmer und Unternehmen 1843-1945,** Einblicke in die Industriegeschichte. Berlin

Hein, Wolfgang (1999), **Cottbuser Stadtwerke.** Cottbus

Heinrich, Gerd (Hg.) (1998), **Stahl und Brennabor – Die Stadt Brandenburg im 19. und 20. Jahrhundert.** Berlin

Hübner, Peter (Hg.) (1995), **Niederlausitzer Industriearbeiter 1935 bis 1970.** Studien zur Sozialgeschichte. Berlin

Institut für Neue Industriekultur (Hg.) (2007), **Industriebau als Ressource.** Forst

Internationale Bauausstellung (IBA) Fürst-Pückler-Land GmbH (Hg.) (2005), **IBA-Werkschau 2005 – Bewegtes Land – Halbzeitdokumentation 2000-2010.** Großräschen

Jacobs, Peter; Ochel, Michael (2000), **Ingenieurkunst in Brandenburg.** Berlin

Janssen, Thomas (2007), **Industriestadt Schwedt.** Angermünde

Jeschke, Hans-Joachim (2003), **Aus der Geschichte des Chemiewerkes Schwarzheide 1935 bis 1945.** Schwarzheide

Jeschke, Hans-Joachim (2005), **Aus der Geschichte des Chemiewerkes Schwarzheide 1945 bis 1953.** Schwarzheide

Joswig, Wolfgang (2002), **Fürst-Pückler-Land – Die Sehnsucht nach einem Arkadien in der Lausitz**, erzählt in Bildern einer Internationalen Bauausstellung „zu Grube Ilse N.-L.". Großräschen

Jungbluth, Rüdiger (2002), **Die Quandts.** Frankfurt am Main

Karlsch, Rainer (2008), **Vom Licht zur Wärme – Geschichte der ostdeutschen Gaswirtschaft 1855-2008.** Berlin

Kierdorf, Alexander; Hassler, Uta (2000), **Denkmale des Industriezeitalters. Von der Geschichte des Umgangs mit Industriekultur.** Tübingen, Berlin

Kinder, Sebastian (2000), Brandenburg an der Havel – Der Industriestandort Kirchmöser – Von der Pulverfabrik bis zum Ausbesserungswerk der Reichsbahn, in: **Brandenburgische Denkmalpflege**, Heft 1/2000, S. 5-16. Berlin

Köhler, Eva (1994), **Rüdersdorf. Die Kalkhauptstadt am Rande Berlins.** Berlin

Köhler, Horst (2000), **Der Teltowkanal – Eine Lebensader im Süden Berlins.** Berlin

Kulturamt des Landkreises Elbe-Elster (Hg.) (2001), **Kohle, Wind und Wasser – Ein energiehistorischer Streifzug durch das Elbe-Elster-Land.** Herzberg/Elster

Kulturland Brandenburg e. V. (Hg.) (2008), **Stoffwechsel – Brandenburg und Berlin in Bewegung.** Berlin

Libert, Lutz (1987), **Uckermärker Tabak, Anbau – Handel – Verarbeitung**, Regionalgeschichtliche Beiträge herausgegeben vom Museum der Stadt Schwedt. Schwedt

Ludwig, Andreas (2000), **Eisenhüttenstadt**. Potsdam

Materna, Ingo; Ribbe, Wolfgang (Hg.) (1995), **Brandenburgische Geschichte**. Berlin

Mendelsohn, Erich (1999), **Dynamik und Funktion**, Ausstellungskatalog des Instituts für Auslandsbeziehungen e. V. Ostfildern-Ruit

Mühlenvereinigung Berlin-Brandenburg e. V. (Hg.) (2005), **Mühlenkarte für Berlin und Brandenburg: 119 technische Denkmale kurz vorgestellt**. Berlin

Museumsverband des Landes Brandenburg e. V. (Hg.) (2001), **Museen in Brandenburg**. Berlin

Museumsverband des Landes Brandenburg e. V. (Hg.) (2001), **Ortstermine – Stationen Brandenburg-Preußens auf dem Weg in die moderne Welt**. Berlin

Museumsverband des Landes Brandenburg e. V. (Hg.) (2007), **Technikkarte, Technische Museen und Denkmäler in Brandenburg und Berlin**. Berlin

Museumsverein der Stadt Forst (Lausitz) e. V. (Hg.) (2000), **Fadenbruch – Bilder zur Erinnerung aus dem VEB Forster Tuchfabriken**. Forst

Müller, Bernhard; Schmook, Reinhard (1991), **Berlin und Brandenburg – Vom Zusammenwachsen einer Region**. Berlin

Müller, Uwe (2001), Grundzüge der industriellen Entwicklung in Brandenburg 1815-1925, in: **Marksteine. Eine Entdeckungsreise durch Brandenburg Preußen**, Haus der Brandenburgisch-Preußischen Geschichte beim Museumsverband des Landes Brandenburg e. V. (Hg.), S. 351-372. Berlin

Preuß, Carsten (2004), **Die Königlich Preußische Militäreisenbahn (K. M. E.) als Versuchsstrecke**. Zossen

Preuß, Carsten; Preuß, Hiltrud (2007), Die Königliche Militär-Eisenbahn und ihre Empfangsgebäude, in: **Brandenburgische Denkmalpflege**, Heft 1/2007, S. 62-69. Berlin

Raach, Jörg (2006), Alte Wasserstraße mit Perspektive – Historische Fabriken und Häfen säumen den 100 Jahre alten Teltowkanal, in: **industrie-kultur**, Heft 3/2006, S. 20-21. Essen

Raach, Jörg (2007), Licht und Schatten im Umgang mit dem Industriekultur in Potsdam, in: **industrie-kultur**, Heft 3/2007, S. 46-47. Essen

Raach, Jörg (2008), **Industriekultur in Berlin**. Berlin

Raach, Jörg (2009), Sprengstoffe, Lokomotiven und Panzer: Geschichte und Zukunft in Kirchmöser, in: **industrie-kultur**, Heft 1/2009, S. 36-37. Essen

Rattemeyer, Klaus (1997), **125 Jahre Industriestandort Fürstenwalde/Spree 1872-1997**. Fürstenwalde

Radtke, Wolfgang (2008), Gewerbefreiheit, Industrialisierung und neuer Mittelstand in Brandenburg vornehmlich in der zweiten Hälfte des 19. Jahrhunderts, in: Günter Bayerl; Klaus Neitmann (Hg.), **Brandenburgs Mittelstand. Auf dem langen Weg von der Industrialisierung zur Marktwirtschaft des 21. Jahrhunderts**, S. 183-212. Münster/New York/München/Berlin

Rödel, Volker (1998), **Reclams Führer zu den Denkmalen der Industrie und Technik in Deutschland**, Band II (Berlin, Neue Länder). Stuttgart

Rohde, Norbert (2006), **Die Heinkel-Flugzeugwerke Oranienburg**. Leegebruch, Velten

Rohowski, Ilona (1997), Stadt Eberswalde, **Denkmale in Brandenburg**, Landkreis Barnim, Band 05.1. Worms

Rohowski, Ilona (2005), Städte Bad Freienwalde und Wriezen, Dörfer im Niederoderbruch, **Denkmale in Brandenburg**, Landkreis Märkisch Oderland, Band 09.1. Worms

Roland, Ralf (2003), **Brandenburg – Potsdam – Havelland – Spreewald**. München

Rook, Hans-Joachim (Hg.) (1993), **Segler und Dampfer auf Havel und Spree**. Berlin

Schmidt, Wolfgang; Theile, Wilfried (1989/1991), **Denkmale der Produktions- und Verkehrsgeschichte**, Band I/II. Berlin

Schmitz, Frank (2008), **Kunstmuseum Dieselkraftwerk Cottbus**. Berlin

Scholze-Irrlitz, Leonore; Noack, Karoline (Hg.) (1998), **Arbeit für den Feind – Zwangsarbeiter – Alltag in Berlin und Brandenburg (1939-1945)**. Berlin

Schulze, Jörg (2000), **Das Eisenbahnwerk Brandenburg-West**, 80 Jahre Eisenbahnwerkstätten in Brandenburg-Kirchmöser. Berlin

Seifert, Carsten; Bodenschatz, Harald; Lorenz, Werner (1998/2000), **Das Finowtal im Barnim – Wiege der Brandenburgisch-Preußischen Industrie**. Berlin

Slotta, Rainer (1982), **Einführung in die Industriearchäologie**. Darmstadt

Stadt Luckenwalde (Hg.) (2004), **Erich Mendelsohn und die Moderne in Luckenwalde**. Luckenwalde

Stadt Peitz (Hg.) (1997), **Hüttenwerk Peitz**. Peitz

Stadtplanungsamt der Stadt Eberswalde (Hg.) (2004), **Industriekulturpfad im Finowtal – Auf den Spuren der Industriegeschichte**. Eberswalde

Stadt Zehdenick (Hg.) (2005), **Steifzüge: Auf den Spuren des Ziegerpfades**. Zehdenick

Stiftung Preußische Schlösser und Gärten Berlin-Brandenburg (Hg.) (2003), **Ludwig Persius – Architekt des Königs**. Potsdam

ORTSREGISTER

Strunk, Peter (1999), **Die AEG, Aufstieg und Niedergang einer Industrielegende**. Berlin

Teutloff, Gabrielle; Alex, Jürgen (2008), **Streifzüge durch die Lausitz**. Petersberg

Uhlemann, Hans-Joachim (1994), **Berlin und die märkischen Wasserstraßen**. Hamburg

Uhlemann, Hans-Joachim (2002), **Schleusen und Wehre**. Technik und Geschichte. Hamburg

Verein zur Förderung, Pflege und Erhaltung der optischen Traditionen in Rathenow (Hg.) (2001), **Wissenschaftliche Konferenz zur Geschichte, Gegenwart und Zukunft der Optischen Industrie in Deutschland**. Rathenow

Das Erbe Schinkels und die Bauten des Landguts unter der Familie Borsig, in: **Brandenburgische Denkmalpflege**, Heft 2/2006, S. 17-26. Berlin

Wietstruk, Siegfried (1996), Rangsdorf bei Berlin. Zur Geschichte des Flugplatzes und der „Bücker-Flugzeugbau GmbH", in: **Brandenburgische Denkmalpflege**, Heft 1/1996, S. 65-70. Berlin

Worch, Thomas (2008), **Oderbruch – Natur und Kultur im östlichen Brandenburg**. Berlin

Ziegeleipark Mildenberg (Hg.) (2009), **Ein Feuer macht die Runde**. Zehdenick

Als wichtige Quelle dienten die Objektakten der vorgestellten Denkmale im Brandenburgischen Landesamt für Denkmalpflege und Archäologischen Landesmuseum, Zossen.

Am Mellensee 127, 128, 131
Alttornow 75, 76
Altgaul 77
Angermünde 45, 49
Bad Freienwalde 75, 76
Baruth/Mark 9, 121, 133
Beelitz 149
Berlin 8, 9, 10, 11, 12, 13, 14, 15, 16, 23, 26, 37, 38, 39, 40, 41, 43, 49, 50, 51, 56, 57, 59, 60, 61, 63, 65, 76, 85, 87, 89, 92, 93, 98, 99, 105, 111, 117, 122, 125, 128, 129, 133, 135, 137, 139, 149, 152, 153, 155, 159, 163, 167, 170, 171, 175, 176, 177, 181, 183, 189, 191
Bernau 40
Brand 133
Brandenburg/Havel 8, 9, 11, 13, 14, 15, 16, 139, 157, 159, 160, 161
Breslau 13, 87
Brieske 107, 108
Brieskow 85
Budweis 13
Charlottenburg 14
Cottbus 8, 9, 10, 11, 13, 16, 89, 91, 92, 93, 94, 98, 101, 109
Doberlug-Kirchhain 102
Döbern 16
Domsdorf 9, 17, 113
Dresden 8, 13, 125, 180
Düsseldorf 42
Eberswalde 11, 13, 14, 23, 25, 26, 33, 35, 37, 38, 39, 40, 41
Eisenhüttenstadt 14, 49, 80, 81, 83, 159
Elstal 155
Elsterwerda 111
Erkner 14, 55
Falkenberg 119
Finowfurt 40
Finsterwalde 11, 15, 16, 17
Forst 8, 11, 16, 96, 97
Frankfurt/Oder 13, 49, 63, 65, 66, 67, 68, 69, 71, 176
Freiberg 116
Freienwalde 49

Friesack 177
Fürstenberg/Oder 49, 83
Fürstenwalde 14, 61, 62
Fürth 181
Gahlberg 193
Glashütte 133
Glindow 15, 139, 149
Gollenberg-Stölln 163
Goyatz 13, 89
Gramzow 23, 47
Groß Behnitz 152, 153
Groß Lindow 85
Groß Neuendorf 79
Großräschen 15, 93, 102, 103, 105
Guben 10, 11, 16, 98, 99, 135
Gülpe 193
Halle/Saale 135
Halsbrücke 26
Hamburg 8, 12, 153, 155, 167, 175, 176, 177, 181
Havelaue 193
Hennigsdorf 14, 159, 168, 169
Hohen Neuendorf 170
Hohenofen 11, 50, 167, 191
Hörlitz 106
Hoyerswerda 113
Jänickendorf 129
Jänschwalde 17, 91 109
Jena 163
Joachimsthal 45
Jüterbog 11, 119, 128, 129
Kahla 111
Kairo 141
Karstädt 181
Kirchmöser 139, 160
Klausdorf 129
Kleinmachnow 12, 123
Knappenrode 113
Köln 165
Königs Wusterhausen 59, 60, 127
Köthen 176
Krasnojarsk 27

Ortsregister

Kummersdorf-Gut 129, 131
Kyritz 167
Lauchhammer 9, 10, 17, 18, 87, 111, 114, 115, 116, 117
Leipzig 16
Letschin 79
Lichterfeld 9, 18, 109, 110, 115
Liebenwalde 23
Liepe 31
Linz 13
London 133
Luckenwalde 11, 13, 135, 137
Ludwigsfelde 121
Magdeburg 12, 175
Meuro 103
Mildenberg 167, 173
Mittenwalde 127
Müllrose 85
Nauen 151, 152, 177
Neudeck 119
Neukölln 14
Neuruppin 11, 13, 16
Neustadt/Dosse 11, 50, 177, 189
Neutornow 76
New York 62, 179
Niederfinow 12, 26, 27, 28, 31
Niederlehme 60
Nürnberg 181
Oberschöneweide 14
Oderberg 26
Oranienburg 11, 15, 167
Paris 133
Peitz 50, 87, 101, 115
Perleberg 11, 13, 167, 180
Plessa 9, 111
Potsdam 8, 11, 12, 14, 139, 141, 142, 143, 145, 146, 149, 155, 176, 189
Premnitz 139, 165
Prenzlau 11
Pritzwalk 167, 182, 183, 184
Putlitz 167
Rangsdorf 125
Rathenow 15, 139, 162, 163

Riesa 17
Rixdorf 14
Röderau 119
Rostock 177
Rottweil 165
Rüdersdorf 15, 50, 51, 52, 101
Schandau 135
Schiffmühle 76
Schönborn 16
Schöneberg 14, 129
Schwarzheide 17, 117
Schwedt/Oder 11, 42, 44
Seddin 139, 155
Senftenberg 9, 17, 18, 103, 108, 105, 106, 107
Siemensstadt 14
Sieversdorf 191
Spandau 14, 143
Sperenberg 15, 129, 131
Spremberg 16, 92
St. Petersburg 62
Stahnsdorf 123
Stettin 12, 23, 25, 26, 176
Stolpe 170
Strausberg 11
Streckenthin 183
Streesow 181
Strohdehne 193
Tegel 14
Teltow 91, 121, 123
Uebigau-Wahrenbrück 119
Utrecht 62
Velten 15, 171
Wandlitz 47
Wellisford 27
Werder/Havel 139, 148, 149
Wien 62, 133
Wildau 14, 56, 57
Wilmersdorf 14
Wismar 177
Wittenberge 167, 175, 176, 177, 178, 179, 180
Wittstock/Dosse 11, 13, 167, 183, 187

Wolfshagen 183
Wriezen 11, 49, 72, 73, 74
Wünsdorf-Waldstadt 126
Wustermark 139, 155
Zehdenick 15, 167, 173, 174
Zossen 126, 128, 129
Zschipkau 17

Biotürme Lauchhammer

ein weltweit einmaliges Industriedenkmal in der Lausitz

In einem innovativen Kraftakt wurde 1951 in Lauchhammer die erste von zwei Kokereien errichtet, die aus Braunkohle hüttenfähigen Hochtemperaturkoks herstellten. Nach ihrem Abriss blieben nur die 1957 geschaffenen „Biotürme" übrig, die mittels eines seinerzeit neu entwickelten biologischen Verfahrens Prozessabwässer geklärt hatten. Das aus 24 Türmen bestehende Bauwerk steht unter Denkmalschutz. Es ist in Form und Funktion weltweit einmalig und wurde 2006 bis 2008 saniert und für die öffentliche Nutzung hergerichtet.

Heute sind die Biotürme mit ihren neu geschaffenen „schwebenden" Kanzeln nicht nur Aussichtspunkt und Ort der Information über Zusammenhänge der Energie-Industrie seit den 50er Jahren. Die imposante Kulisse lädt auch zu unterschiedlichsten kulturellen Veranstaltungen und Spektakeln oder zum besinnlichen Verweilen ein. Das Areal der Biotürme kann selbstverständlich auch für geschäftliche oder private Anlässe angemietet werden.

KONTAKT

Biotürme Lauchhammer gGmbH
Freifrau-von-Löwendal-Straße 3
01979 Lauchhammer
T. 03574 860604
F. 03574 860168
E. hallo@biotuerme.de
W. www.biotuerme.de

Weitere Titel im L&H Verlag

Industriekultur in Berlin
ISBN 987-3-939629-00-9
Hardcover
200 Seiten
24,80 Euro

Burgen, Schlösser und Herrenhäuser in Brandenburg
ISBN 987-3-939629-07-8
Hardcover
248 Seiten
24,80 Euro

Das Gartenreich Dessau-Wörlitz
ISBN 987-3-939629-11-5
Softcover
216 Seiten
12,80 Euro

IMPRESSUM

Herausgegeben in Zusammenarbeit mit dem Brandenburgischen Landesamt für Denkmalpflege und Archäologischen Landesmuseum, Zossen

L&H Verlag
Bernauer Straße 8a, 10115 Berlin
Telefon +49. 30 34 70 95 15
Fax +49. 30 34 70 95 16
info@lh-verlag.de
www.lh-verlag.de

Autor
Dr. Jörg Raach, Berlin, Dipl.-Päd., geboren 1950, tätig in der Erwachsenenbildung und Öffentlichkeitsarbeit, seit 2004 Autor und Journalist

Wissenschaftliche Redaktion
Dr. Matthias Baxmann, Referent technische Denkmale / Industriedenkmale am Brandenburgischen Landesamt für Denkmalpflege und Archäologischen Landesmuseum, Zossen

Lekorat
Sandra Kalcher, Thies Schröder, L&H Verlag, Berlin

Gestaltung
Oliver Kleinschmidt, Berlin

Karten
MedienDesignBÜRO, Christian Vahldiek, Berlin

Lithografie
Licht & Tiefe, Berlin

Druckproduktion
druckhaus köthen

Alle Rechte beim L&H Verlag Berlin. Reproduktionen, Speicherungen in DV-Anlagen, Wiedergabe auf elektronischen, fotomechanischen, fotografischen oder anderen Wegen über Internet, TV, Funk oder als Vortrag – auch auszugsweise – nur mit ausdrücklicher Genehmigung des Verlages.

Bibliografische Information der Deutschen Bibliothek

Die Deutsche Bibliothek verzeichnet diese Publikation in der Deutschen Nationalbibliografie. Detaillierte bibliografische Daten sind im Internet über http://dnb.ddb.de abrufbar.

ISBN 978-3-939629-12-2

1. Auflage 2010

DANKSAGUNG

Für die Unterstützung bei der Erstellung des Buches bedanken wir uns beim Brandenburgischen Landesamt für Denkmalpflege und Archäologischen Landesmuseum (www.bldam-brandenburg.de), bei der Biotürme Lauchhammer gGmbH (www.biotuerme.de) sowie bei ERIH (www.erih.net).

ERIH, die Europäische Route der Industriekultur, ist das touristische Informationsnetzwerk zum industriellen Erbe in Europa. Das Netzwerk präsentiert derzeit über 850 Standorte in 32 europäischen Ländern und wächst ständig weiter.
Alle Standorte sind europäischen Themenrouten zugeordnet, die die Vielfalt europäischer Industriegeschichte und ihre gemeinsamen Wurzeln aufzeigen.

BILDNACHWEIS

Matthias Baxmann
7, 24, 27, 30, 36, 38, 41, 46, 50, 52/53, 54, 56, 60, 61, 63, 64, 66, 67, 69, 72, 73, 74, 75, 76, 77, 78, 80, 82, 84, 88, 90, 92, 94/95, 96, 98, 100, 103, 106, 107, 109, 111, 112, 115, 116, 117, 118, 122, 126, 127, 128, 130 unten, 132 oben, 140, 142, 146/147, 148, 149, 150, 156, 158, 162, 170, 178, 181, 188, 190, 192

Förderverein Sender Königs Wusterhausen e. V.
58

Jörg Raach
134, 136, 168, 171, 172, 173

Bernd Weinreich
Titel, 21, 28/29, 32, 34, 39, 40, 42, 45, 68, 70, 102, 104, 114, 124, 130 oben, 132 unten, 143, 144, 152, 154, 160, 164, 175, 176, 179, 182, 184/185, 186, Rücktitel